古典文獻研究輯刊

三　編

潘美月・杜潔祥　主編

第 20 冊

錢穆先生《莊子纂箋》及其莊子學研究

鄭柏彰　著

國家圖書館出版品預行編目資料

錢穆先生《莊子纂箋》及其莊子學研究／鄭柏彰著 — 初版 —
台北縣永和市：花木蘭文化出版社，2006〔民95〕

序 2+ 目 2+138 面；19×26 公分
（古典文獻研究輯刊 三編；第 20 冊）
ISBN：978-986-7128-50-8（精裝）
ISBN：986-7128-50-8（精裝）
1. 錢穆－學術思想 2. 莊子－註釋－研究與考訂
121.331   95015434

ISBN 986712850-8

9 789867 128508

古典文獻研究輯刊   ISBN：978-986-7128-50-8
三 編 第二十冊   ISBN：986-7128-50-8

錢穆先生《莊子纂箋》及其莊子學研究

作　　者　鄭柏彰
主　　編　潘美月　杜潔祥
企劃出版　北京大學文化資源研究中心
出　　版　花木蘭文化出版社
發 行 所　花木蘭文化出版社
發 行 人　高小娟
聯絡地址　台北縣永和市中正路五九五號七樓之三
　　　　　電話：02-2923-1455／傳眞：02-2923-1452
電子信箱　sut81518@ms59.hinet.net
初　　版　2006 年 9 月
定　　價　三編 30 冊（精裝）新台幣 46,500 元

錢穆先生《莊子纂箋》及其莊子學研究

鄭柏彰　著

作者簡介

鄭柏彰，一九七六年九月誕生於台灣 嘉義市。從呱呱墜地到而立之年，一直似鮭魚般地迴游於嘉義、台北兩地，文化大學中文系畢業後，即考入中正大學中文所碩士班就讀。就讀其間，便被先秦子學所吸引，特別是莊子的荒唐之言、謬悠之說，更讓筆者醉心於「正言若反」的世界。碩班畢業，仍於中正大學中文所博士班進修，目前為該校博士候選人，並擔任南華大學通識中心兼任講師。求學階段，主要著有碩論《錢穆先生《莊子纂箋》及其莊子學研究》（2003）及發表研討會論文〈試詮《莊子・內篇》中的應世思想〉（2002）、〈試解莊子所形構之孔子樣貌〉（2004），作為自己研究先秦道家思想的階段心得。其次，筆者對儒、釋思想方面亦有管窺，曾發表單篇論文〈試詮孟子思想體系〉（2005）、〈大珠慧海禪學思維系譜初探〉（2006），研討會論文〈古代婚禮試探〉（2002）、〈試詮《壇經》的思想脈絡〉（2002）。最後，有關詩歌、小說方面，也曾涉獵，譯有《白話淞濱瑣話》（2002），發表過單篇論文〈馬謖敗於街亭試論〉（2004），研討會論文〈試析杜甫〈詠懷古跡〉五首〉（2002）。未來研究方向，將嘗試聚焦在儒學價值受到顛覆的晚清之際，尋繹當時的知識份子是如何重構莊子思想，讓自魏晉以降後就蟄伏已久的「正言若反」學說，又可重獲「驚蟄」機會。

提　要

　　本論文的章節安排架構，首章為緒論，交代研究動機與目的、研究方法與範圍及論文章節與架構。

　　第二章的部分，開頭先略敘錢穆先生的生平事蹟及其史觀研究略述，讓吾人在探究其莊子學之前，能對錢先生的生平與學術有一概括的認識，也能探知錢先生在研究莊子學方面的用心，係著重於史學的「整體性」，從時代背景探求莊子思想的淵源，以建立一先秦互動的學術網絡，並於「變中求動」，以敢於創新，而能不落入刻板的科就當中。

　　第三章則先對錢穆先生《莊子纂箋》一書的篇目注解及其內容大要予以研析探討，以得出錢先生在討論莊子學的前提，是採取王夫之對《莊子》篇目的分類，認為內篇體例完整，可作為莊子思想代表，外雜篇的章法不一，係因出於莊子後學衍其學說之作，並不能將之視為是解讀莊子思想的主要文獻。故此，筆者才會討論錢穆先生對《莊子》篇目的分判，以為第四章錢先生詮解《莊子》一書所建構的整體系統，作一奠基工作，讓吾人能明辨他所主張的「莊先老後」這一論點，係指代表莊子思想的內篇部分而言，而非是指莊子的整部文獻。另外，筆者為了拈出《莊子纂箋》的與眾不同、別具匠心，也特別析論了書中的著述特點，得出其特點主要分成兩部分，一是在字句釋義方面，它的特點有（1）文句疑誤，加以釐定（2）難辨字詞，兼採異說（3）徵引注解，己意定之。一是在義理闡微部分，所具特點有（1）引老解說，互闡義理（2）以意注裝，觸發深論。此外，在商榷部分，筆者則簡擇了幾個意義闡釋的實例，加以辨析說明，以提供讀者在解讀上有更寬廣的思考空間。

　　第四章的內容，主要針對錢穆先生對莊子學術論述的來龍去脈，作一全面性的詮解，以看出錢先生在論述莊子學術方面，是有其整體架構存在。本章第一節，先論述錢穆先生研究莊子學術的方法，是採取義理與考據並行，以建構莊老系統，故而可知他的疑古並非是為了譁眾取寵、標新立異的疑古，其疑古主要是為了考古，以重建一可靠的歷史。錢先生在研究莊學當中，其實必須與老子來相互參照，方能相得益彰、互為輝映。是以文中在論述時，筆者亦將錢先生所認為的老子究竟是指何人？以及老子書的成書年代為何會在戰國晚期？……等問題加以論述，讓本節能夠全面性的探討錢先生對莊學系統研究的整個全貌。第二節，將對錢先生所詮構的莊子思想之濫觴作一溯源的探討，亦即錢先生從思想遞嬗與時代背景考據，認為《莊子》內七篇

的思想，係源於孔門的顏淵，此間思想的轉變，係由孔子所論「義命對揚」的天、人二分思維，轉向於莊子所言「與天為徒」、「與人為徒」的天、人合一思考，而非銜接老子側重於人事的權謀，因此他才大膽提出「莊源顏淵」的假設。第三節，則闡釋錢先生論莊子雖承襲了儒家，但兩者對「道」的視域則是迥異的，儒墨所稱的「道」，是將天人分為二，並以人為重，故而有孔子說：「未知生，焉知死」的慨嘆；而莊子則整合天人，視天人為一體，甚而更從宇宙界來衡度人生界，在此點上面，莊子則是與儒家不同，這也就是為何莊子會由儒家特別展衍出道家的原因。第四節，論述錢先生之所以提出了「莊先老後」的主張，即因事物的概念，必先有總名，而後有別名。舉例而言，先有莊子提出「萬物一體」的渾沌概念之總名，才有老子所展衍出的「名」、「象」等個別概念之別名；先有莊子討論「真人」、「神人」的圓融性格之總名，才有老子論述「聖人」的特殊性格之別名。可見，莊子思想應在於前，而老子學說則繼其後，所以錢先生才會將老子看成是莊子的繼承者。第五節，探討錢先生對外、雜篇為道家後學所作這一說法，舉出了具體證據加以證實，以看出外雜篇之所以會產生莊老思想相融的現象，係莊子後學的傑作，其中外篇近老、雜篇述莊，均是雜揉之作，義理不純，只能當作研究莊子思想的參考文獻，不能當成論述莊子思想的主要資料。

論文最後，除了總結錢先生對莊學所建構的整體脈絡外，也對其學說在當時的毀譽作一述評，以看出箇中的侷限與特色。其實，錢先生所提出的莊學研究成果，在當時是頗受學者的質疑、批判，而他不畏矢石交攻的批評，仍秉著破除窠臼以建立一信史的熱誠，持續不斷地藉由個別字義的考據，來驗證自己所假設的說法是正確的，此種實事求是又勇於創新的精神，時至今日還相當難能可貴。然而，由於郭店楚簡的問世，錢先生「莊先老後」的這一論點，已有相當大的可議空間，但是可以肯定的是，錢先生已為莊、老的銜接釐出了一個系譜，這個系譜就是以儒家的孔子作為先秦諸子的開端，亦即諸子對先秦社會問題的檢討，是先有儒家正面的積極思想，然後才有墨、道兩家因反對儒家的禮樂而興起的反面思想。這種論點在當時是極具意義性的，因那時有些學者認為諸子的起源是老子，如胡適先生就是如此主張，而錢先生確立了儒家的孔子為諸子的開端後，無異對當時主張「老先孔後」的說法，有著廓清的作用，進一步的從史學的淵源性為儒家樹立一信史地位，而這一信史地位的樹立，即是奠基於「莊源於儒」、「莊先老後」的論點上。所以，如果將他這部分的研究，置之於諸子學的脈絡裡來評估，其中的價值仍舊是瑕不掩瑜、無傷大雅的。

目

錄

序　言

　　在中國文化裡，儒、道思想一直佔有舉足輕重的地位，雖然兩家的立意取徑並不相同，儒家是以建立社會制度，使人民的生活合於社會規範為理想國，而道家則要泯除社會制度，讓現實的日用回復自然為目的地。然在先秦「禮崩樂壞」的時代，卻是有著共同一致的目標，即要為當時建立一個純樸安樂的社會。是以兩者的立意雖殊，卻並非是截然對立的學說。正因兩者具有此種特點，故而自先秦以降，就一直有著調和互補的作用存在，此種調和情形，大致上儒家是以主流之姿出現，扮演著化民成俗的角色，而道家則是藉伏流之態，提供與民休息的需要。

　　如果吾人細繹錢穆先生詮構莊子學的背景，是在傳統儒家文化被五四反儒知識分子撻伐得一無是處之下，而面臨「亡天下」的文化失根危機時，就可理解錢先生從注解文獻的《莊子纂箋》到詮釋義理的《莊老通辨》，所提出「莊先老後」主張的用意，即是一種延續中國文化以儒學主流的調和傳統，重新確定儒家為先秦子學濫觴的系譜，讓中國文化落實在肯定社會價值的傳統之下，來進行「反本開新」的變革，而非是囫圇吞棗地全盤西化，導致為圖近利而陷於「浮談無根」的短線操作之迷思。故此，徐國利才指出錢穆先生的諸子學不同於近代學者抬高道家、墨家和法家的研究，而是肯定儒家在先秦諸子學中的本源和中心地位。〔註1〕

　　其實，錢穆先生「莊先老後」的這一主張，隨著近代老子帛書、郭店楚簡的出土資料來看，要被學界接受的可能性雖已大幅地降低，然而答案最後的正確與否，卻無損其在莊子學上的地位。就如同希臘哲人泰利斯，他為宇宙所構成的本質提出了一個答案——「水」，這答案以今天的角度來看，不免有荒謬之嫌，然而這答案的意義，卻代表著對宇宙本質的探索與實證精神的萌芽，為西方哲學奠定了「愛智」的基礎，間接開啟了科學的序幕。同樣地，吾人若能同情地理解錢先生所處的時代背景，他在莊學上所提出「莊先老後」的答案，在當時也達到了「考古建立信史」與「肯定傳統文化」的兩大階段性任務，讓儒家文化在日後得以被重新審視，而還歸其應有的價值。從這一角度來看，「莊先老後」答案本身的正確與否，相對之下就變得不是那麼重要了。

〔註1〕徐國利《錢穆史學思想研究》（台北，商務印書館，2004年），頁13。

　　本論文基於此種觀點，故不揣簡陋地從錢先生對莊子學零散的論述當中，詮構出一系統性的架構，讓吾人對錢先生的莊子學有一全盤性的理解。當然，無可諱言地，若要再對錢先生的莊子學作進一步的探討，則非現階段筆者的學力所及，當容日後有機會以單篇論文的方式，再來補足這一「牆頭之缺」了。另外，筆者亦將所蠡測的兩篇莊學論文，一併置於附錄處，期能有助於治莊者作一參考。

2006 年 7 月序於中正圖書館

第一章　緒　論

第一節　研究目的與動機

　　錢先生博通經史文學，擅長考據，一生勤勉，著述不倦。先生畢生著書七十餘種，共約一千四百萬字，為我們留下了寶貴的精神財富。他在中國文化和中國歷史的通論方面，多有創獲，尤其在先秦學術史、秦漢史、兩漢經學、宋明理學、近世思想史等領域，造詣甚深。〔註1〕而他對於學術的研究，則注重先從文獻的博覽涉獵，再以一種整體性的學術眼光，將文獻加以會通重建，杜正勝對此點，則有一番闡述說：

　　　　他（錢穆）一輩子的學問既強調「博」，又強調「通」，以會通來綱領博雜的歷史萬象而求其頭緒，晚年特揭「統之有宗，會之有元」，所以「博綜會通」這四個字可以概括錢賓四治史的主要方法和精神。〔註2〕

又說：

　　　　關於古代思想的分析和重建，文字史料固遠比非文字史料直接而且重要，所以錢賓四博綜典籍，會通文獻，以其特具的敏銳眼光和提綱挈領的綴聯能力，能取得超越前人的成就。〔註3〕

雖然錢先生博覽群集，重視文獻的史料，但他卻不會受到文獻的桎梏，一昧盲從於經典而不加思索，他的疑古精神，余英時曾說：

　　　　錢先生對於知識的態度，與中外一切現代史學家比，都毫不遜色。「五

〔註1〕見郭齊勇、汪學群，《錢穆評傳》（江西：百花洲文藝出版社，1995年），頁2。

〔註2〕見杜正勝，〈錢賓四與二十世紀中國古代史學〉，《當代雜誌》第111期（1995年7月），頁74。

〔註3〕見杜正勝，〈錢賓四與二十世紀中國古代史學〉，頁78。

四」時人所最看重的一些精神，如懷疑、批判、分析之類，他無不一一具備。他自己便說道，他的疑古有時甚至還過於顧頡剛。他不承認懷疑本身即是最高價值。他強調：「疑」是不得已，是起於兩信不能決。一味懷疑則必然流於能破而不能立，而他的目的則是重建可信的歷史。〔註4〕

此種懷疑的精神，亦適用於他對莊子的探討。因大部分的學者，皆據《史記》所載，認為莊子「其學無所不闚，然其要本歸於老子之言」〔註5〕為標準，直接視莊子思想係承接著老子而來，並沒有從更早的諸子書和先秦思想發展大流出發，去尋繹莊子的真正源頭所在。〔註6〕他則迥異於一般研究莊子的學者，認為莊子思想並不源於老子，而他之所以提出此說，並非是為了疑古而疑古，他疑老、莊的銜接關係，主要是為了重建一可信的歷史。此種歷史的系統，即以儒、墨兩家為核心，釐定先秦諸子的淵源，考察先秦諸子的流派，進而建構出諸子學實濫觴於孔子。錢先生認為孔子的地位既是承繼於王官之學，亦下開百家之言，〔註7〕但「儒者本務知禮，而禮終不可行。學術隨世風而變。」〔註8〕是以有墨家的興起，來反對儒家的禮樂制度，形成最早壁壘的對立，但墨家仍是「學儒者之業，而變其道」，〔註9〕故而雖分為兩派，但還是根源於儒家。然而，墨子究竟源於儒家的哪一支派呢？錢先生則認為孔門中有顏回、閔損一派是簞食瓢飲、陋巷自娛的，此派是墨家的源頭。因墨子承顏、閔的「簞食瓢飲」，而進一步發展出「以裘褐為衣，跂蹻為服，日夜不休，自苦為極」〔註10〕的素樸生活；接顏、閔的「陋巷自娛」，而由儒家對政治社會的熱衷轉而為個人身體的勞動。〔註11〕此種個人勞動的思想，如再向前邁進，則產生出退隱不仕的道家，故道家源於墨家。然而，道家又不能以老子為始祖，因孔門有顏、損一派為素樸生活的墨家開了先路，才進而推陳展衍出消極隱退的道家思想，因此道家與顏、損的關係當密不可分。而道家老、莊談到孔門顏淵的，則出現在《莊子》書中，書中談到顏淵時，不但不曾加以鄙薄，甚至多有稱許，故而莊子與顏淵

〔註 4〕見余英時，《猶記風吹水上鱗——錢穆與現代中國學術》（臺北：三民書局，1991 年），頁 24。

〔註 5〕見司馬遷，《史記·老子伯夷列傳》（臺北：商務印書館，1981 年），頁 721。

〔註 6〕參見汪學群，《錢穆學術思想評傳》（北京：北京圖書館出版社，1998），頁 61。

〔註 7〕這種地位主要是指孔子作《春秋》一書，其詳參見錢穆，〈孔子與春秋〉收入於《兩漢經學今古文平議》（臺北：東大圖書，1978 年），頁 235～283。

〔註 8〕見錢穆，《國學概論》（臺北：商務印書館，1998 年），頁 41。

〔註 9〕見錢穆，《國學概論》，頁 43。

〔註 10〕見錢穆，《國學概論》，頁 45。

〔註 11〕錢先生認為後世許行倡「並耕」之說，陳仲「不恃人食」之義，為徹底反對貴族階級之生活，傳墨學之真精神者也，見錢穆《國學概論》，頁 46～47。

當有其一派相承的思想痕跡，因此錢先生認爲道家的創始人，當不始於老子，而是祖於莊子。

因此他藉著考據、義理等方法的串連，進一步對老、莊的承繼系統與成書年代，重建一套系統架構。其中最值得注意的，就是「莊先老後」這一說法，此說無疑是將《史記》所載的「標準」予以推翻，他之所以主張「莊先老後」，乃是在地下文獻尚未出土之前，此時正值「兩信不能決」之際，錢先生之用意，則在於「考辨《老子》與《莊子》成書之先後與其思想系統之差異。」〔註12〕雖然由於新出土的資料，此說法已非常值得再商榷了，但錢先生已爲莊學思想的原始要終，釐出了一個系統，讓諸子學有其一脈相承之整體性，並爲莊子在道家中取得一創始的地位，著實開啓了吾人研究莊子學的另一扇視窗。所以錢先生對莊子學的貢獻，則不能因結論受到新的出土文獻所更易，就將其價值全盤否定。故而筆者本論文的研究動機，欲藉由探究錢先生所著的《莊子纂箋》一書，作爲錢先生詮解莊子學術的基礎。因爲在《纂箋》裡，無論是注解《莊子》篇目的看法，或是論述《莊子》內容的闡發，都涉及到對莊子學術的建構，是以筆者將對這兩方面加以論述，一則以明錢先生在《纂箋》中所闡述的莊學論點，實可當作他系統地詮解莊子學術的雛形；一則也附帶探討《纂箋》一書的著述成就。接著，筆者再結合錢先生之《莊老通辨》及相關論述莊子的書籍，加以演繹推論他對莊子思想的理解，筆者之目的，即要對錢先生論述莊學思想的前因後果，作一整體性的詮解，以看出錢先生對莊子學術的思維模式，究竟是如何重建的？

第二節　研究方法與範圍

筆者在研究方法上，先將錢先生有關莊學方面的文獻，作一詳細的爬梳，在其文獻的陳述下，合理的將錢先生的說法作一首尾連貫的詮釋，筆者期望藉由此種的詮釋方法，爲文獻的資料發現出其間「隱藏的」思想脈絡。〔註13〕此種脈絡概略言之，即莊子是孔門思想由人轉向天的接筍，因爲孔子所講是一種道德人生，而莊子

〔註12〕見戴景賢，〈錢穆先生〉，收入《中國歷代思想家》（臺北：商務印書館，1999 年），頁 268～269。

〔註13〕此種詮釋的說法，參見帕瑪著、嚴平譯《詮釋學》（臺北：桂冠圖書股份有限公司，1997 年），書載：「在啓蒙時代中的《聖經》原文就是各種道德眞理的容器；人們之所以能在那裡找到眞理，乃是因爲人們設計了一種發現它們的詮釋原則。在此意義上，詮釋學就是詮釋者發現原文「隱藏的」意義系統。」頁 41。本論文亦希望透過錢先生論莊子的文獻，在邏輯合理性的詮釋下，爲錢先生的莊學挖掘出其『「隱藏的」意義系統。』

所追求的是一種藝術人生。然儒家應世的態度本有兩方面，即用之則行，達則兼善天下；舍之則藏，窮則獨善其身。莊周書中頗多稱引孔子顏淵，就是注重他們的消極面，不注重他們的積極面，注重在藏與獨善，不注重到行與兼善。故而莊子之藏，是把此有限人生，妥善地藏在無限的大宇宙中，此即是轉孔子藏於人生界的道德人生，而趨向於藏於宇宙界的藝術人生，〔註14〕因此才有儒、道之別。而承襲於莊周思想的老子，則是起於戰國晚期，因當時的社會主要是「反奢侈、歸真樸」，「針對當時學者階級之擾動，而謀所以為寧靜整頓之方」，〔註15〕此種批判的對象，是就著當時社會而發的，因此屬於人生界，而這種的轉變，則是變莊子重視宇宙界的態度，而將關注的焦點落實到人生界，莊老這一思想脈絡的接續，當由莊子的從人到天，再經過老子的由天而人，成一種思想循環的遞嬗。本論文即將此種遞嬗關係，透過錢穆先生對莊學闡釋的文獻，作一演繹推論，以明其「莊先老後」的建立，是有其思想背景作為論據，而非憑空而來。

　　關於莊子學的研究，「其問題不在莊子有無其人，因為到現在為止，還沒有人懷疑過莊子的存在」，〔註16〕但對於《莊子》其書的內容，歷來則有不同之爭議，錢穆先生討論莊子思想時，有《莊子纂箋》一書，對《莊子》內、外雜篇是否為莊子所作及書中內容，以引注的方式，呈現而出。就《纂箋》的探討，筆者在論述錢先生對《莊子》篇目的看法，將採演繹的方式，循序推論，以尋得其思維的脈絡；另外，對《纂箋》闡釋《莊子》內容的部分，筆者則以歸納的方法，將書中的特點歸納而出，條列論述，而《纂箋》裡有待商榷之處，亦將分點說明，讓治莊者能夠有所留心。本論文在探究錢先生之《莊子纂箋》時，同時參考了馬其昶的《莊子故》，因此書為《纂箋》成書的底本，筆者則採兩書互為對校的方式，以看出錢先生對馬氏解莊子的看法，究竟有哪些繼承與創新？此外，關於注解闡釋《莊子》的幾本重要書籍，筆者亦列入參考，其中有宋代褚伯秀《南華真經義海纂微》、林希逸《南華真經口義》、明代釋德清《莊子內篇注》、鄭瑗《井觀瑣話》、清代林雲銘《莊子因》、宣穎《莊子南華經解》、王夫之《莊子通・莊子解》、嚴復《侯官嚴氏評點莊子》及近人馬敘倫《莊子義證》、章太炎《齊物論釋》、劉文典《莊子補正》、王叔岷《莊子校詮》、胡哲敷《老莊哲學》、胡遠濬《莊子詮詁》、黃錦鋐《莊子及其文學》、陳品卿《莊學新探》……等書，期望能藉由博覽眾家之說，對《莊子纂箋》能有更完整的析論。

〔註14〕參見錢穆，《中國思想史》（臺北：學生書局，1988年），頁49。
〔註15〕見錢穆，《國學概論》，頁53～55。
〔註16〕見吳錫澤，《中國學術思想論叢》（臺北：商務印書館，1988年），頁126。

　　而筆者在詮解錢先生之莊學思想時，則是以其《莊老通辨》爲主要的文獻，又書中錢先生曾說：

> 本書專爲討論莊、老兩家之思想，而辨訂其先後。其關於莊、老兩家
> 之生卒年世，及歷史傳說之種種考訂，則均詳見於拙著《先秦諸子繫年》。
> 拙著與本書可互相發明參證者，除《先秦諸子繫年》外，尚有《國學概論》，
> 《中國思想史》，《墨子》，《惠施、公孫龍》諸書，幸讀者參閱。〔註17〕

據上所論，筆者亦再將《先秦諸子繫年》、《國學概論》、《中國思想史》等與莊學思想相涉的書籍，列爲主要的探討文獻之內，並也將《墨子》、《惠施、公孫龍》等諸書，視爲參考文獻。除此之外，錢先生畢生的著作，聯經出版事業公司已於一九九八年出版了《錢賓四先生全集》，編輯委員會更將全集分爲甲（以學術思想爲主）、乙（偏重史學）、丙（文化人生及其他）三編，加上《錢賓四先生全集·總目》，共爲五十四冊，當中有與莊學思想相關的資料，筆者亦詳加參考，期能爲錢穆在論述莊學思想方面，詮釋建構出一個完整的系統。

　　其中，錢先生在詮釋莊學思想時，終不免涉及到對老子其人其書的觀點，因此筆者也將老子列入討論的範疇之內，冀能從錢先生闡述莊子學的思維下，進而與老子的相關問題作一連結，以全面性、系統性地看出他對莊子思想的理解概況。

第三節　論文章節與架構

　　本論文的章節安排架構，在第二章的部分，先略敘錢穆先生的生平事蹟及其史觀研究略述，讓吾人在探究其莊子學之前，能對錢先生的生平與學術有一概括的認識。

　　第三章則先對錢穆先生《莊子纂箋》一書的篇目注解及其內容大要予以研析探討，筆者希望能藉由其篇章的引注裡，尋繹出錢先生對莊子文獻歸類，究竟是以何種角度加以定位？以進一步爲第四章錢先生詮解《莊子》一書所建構的整體系統，作一奠基的工作；接著，筆者再將書中的內容進行文獻的分析，期能從分析當中，一方面歸納出錢先生著此書的幾項特點；另一方面，也對《莊子纂箋》裡的幾個商榷之處提出討論，盼能與治莊者提供一深思之空間。

　　第四章的內容，主要針對錢穆先生對莊子學術論述的來龍去脈，作一全面性的詮解，以看出錢先生在論述莊子學術方面，是有其整體架構存在。本章第一節先論述錢先生研究莊子學術的方法，究竟是採取何種方式？以看出錢先生對莊子學術鑽

〔註17〕見錢穆，《莊老通辨·目錄》（臺北：東大圖書，1991），頁4。

研深厚之優點。而在研究莊學當中，錢先生所提出的幾點莊學論述的成果，均與老子及老子書相涉，甚而可謂是牽一髮而全身動，是以文中在論述時，筆者亦將錢先生所認為的老子究竟是指何人？以及老子書的成書年代為何會在戰國晚期？…等問題加以論述，讓本節能夠全面性的探討錢先生對莊學系統研究的整個全貌。第二節將對莊子思想濫觴作一溯源的探討，以明錢先生為何主張「莊先老後」的說法。第三節再論莊子與所承襲的家派，究竟有何差別，以致於莊子能夠獨立而成為一家？第四節再探究錢先生既然提出了「莊先老後」的主張，那麼莊老的關係，到底有何牽連？此問題為本節論述的核心。第五節再對外、雜篇為道家後學所作這一說法，加以深入論述，以看出其具體的論據為何？本章藉由一連串問題的推論，盼能將錢穆先生論述莊學思想的部分，作一系統性的詮解。

論文最後，除了總結錢先生對莊學所建構的整體脈絡外，筆者將再討論錢先生提出莊學的研究成果後，究竟遭受到當時學者的哪些質疑、批判？而這些說法，對錢先生來說究竟公不公允？期能藉此不同角度的討論，來對錢穆先生的莊學成就作一探究。

第二章　錢穆之生平與其史觀研究略述

　　錢穆先生是我國近代的一位國史大師，他在艱困的環境中孜孜不倦、努力向學，並在中國動盪不安的環境背景下，挺身而出發揚中國傳統文化，關於錢先生所處的時代，李木妙則詳細描述說：

　　　　錢賓四先生所處的時代，正是咱門的民族文化遭受西方物質文明衝擊
　　的嚴峻時刻，國家陷內憂外患交迫煮熬的危殆境地；在這國難深重、民族
　　處於存亡絕續之秋，他體認時艱，挺身而出以挽狂瀾於既倒，更擇善固執
　　地主張對中國「已往歷史抱著溫情與敬意」。中國大陸政權易手以後，他
　　捨棄家人隻身南避香港，在「亂離、流浪」中赤手空拳地創辦「新亞書院」
　　（暨新亞研究所），他更本著「艱險，我奮進！困乏，我多情！」的精神
　　動力，義無反顧地毅然肩負起維護立國根本的儒家道統，發揚傳統優秀的
　　中華文化等救亡圖存之時代使命。他這些學術主張，處世原則，特立獨行
　　和愛國精神，爲我們留下了永資矜式的典範。〔註1〕

上引長文，反映了錢先生處在困厄環境之下，所展現出來的高尚人格，令人值得效法。孟子嘗云：「頌其詩，讀其書，不知其人，可乎？」（《孟子‧萬章下》）故此，本論文在探討錢穆先生的莊子學術之前，會先對他的生平事略、史觀研究作一概述，讓吾人對錢先生所遺留下的「典範」，有更全面性的認識。

第一節　錢穆生平略述

　　錢穆字賓四，原名恩鑠，江蘇無錫人，清光緒二十一年（西元一八九五～一九

〔註1〕見李木妙，《國史大師錢穆教授傳略》（臺北：揚智文化，1995年），頁63。

九〇）陰曆六月初九日（陽曆七月三十日）巳時生於縣南延祥鄉嘯傲涇七房橋之五世同堂。〔註2〕童年時期天資聰敏、好學強記，他自述說：

> 翌日上學，日讀生字二十，忽增爲三十。余幸能強記不忘，又增爲四十。如是遞增，日讀生字至七八十，皆強勉記之。〔註3〕

上論之事，發生在錢先生七歲之時，可見他在幼年期間，除了記憶非常強之外，還不斷的努力學習、充實自我，甚而博覽群書、閱讀豐富，從一件事即可看出錢先生的這些優點，據他所說：

> 先父每晚必到街口一鴉片館，鎮中有事，多在鴉片館解決。一夕，楊四寶挈余同去，先父亦不禁。館中鴉片鋪三面環設，約可十許鋪。一客忽言：「聞汝能背誦三國演義，信否？」余點首。又一客言：「今夕可一試否？」余又點首。又一客言：「當由我命題。」因令背誦諸葛亮舌戰群儒。是夕，余以背誦兼表演，爲諸葛亮，立一處；爲張昭諸人，另立他處。背誦既畢，諸客競向先父讚余，先父唯唯不答一辭。〔註4〕

由上文可知，錢穆先生年少之時，就涉獵了三國演義，客人即席而問，他馬上不假思索的當場背誦，可看出他不僅具有非凡的記憶力，也顯示出了他學習之廣博。當時，他的父親恐他鋒芒太過，雖知他資質聰慧，但仍從側面予以啓發，使他能從提點中自己去領悟出道理，所以錢先生又描述說：

> 翌日之夕，楊四寶又挈余去，先父亦不禁。路過一橋，先父問：「識橋字否？」余點頭曰：「識。」問：「橋字何旁？」答曰：「木字旁。」問：「以木字易馬自爲旁，識否？」余答曰：「識，乃驕字。」先父又問：「驕字何義，知否？」余又點首曰：「知。」先父因挽余臂，輕聲問曰：「汝昨夜有近此驕字否？」余聞言如聞震雷，俯首默不語。至館中，諸客見余，言今夜當易新題。一客言：「今夕由我命題，試背誦諸葛亮罵死王朗。」諸客見余態忸怩不安，大異前夕，遂不相強。…時余年方九歲。〔註5〕

上文所論，即言錢父隨機藉由「橋」字，引發一連串文字暗示的對答，循循善誘、諄諄教導，讓錢先生體會昨夜表演「諸葛亮舌戰群儒」一事，略帶有「驕」義，應需有所收斂，錢先生聞之，則恍然大悟，而知韜光養晦、善刀而藏。此外，他還憶述：

〔註2〕見錢胡美琦，〈錢賓四先生年譜‧上篇〉（未定稿），《錢穆先生紀念館館刊》第三期（1995年8月），頁141。

〔註3〕見錢穆，《八十憶雙親‧師友雜憶合刊》（臺北：東大圖書，1983年），頁12。

〔註4〕見錢穆，《八十憶雙親‧師友雜憶合刊》，頁13。

〔註5〕見錢穆，《八十憶雙親‧師友雜憶合刊》，頁13～14。

　　某一時期，先父令先兄讀《國朝先正事略》諸書，講湘軍平洪楊事。某夜，值曾國荃軍隊攻破金陵，李成典、蕭孚泗等先入城有功。先父因言，此處語中有隱諱。既為先兄講述，因曰：「讀書當知言外意。寫一字，或有三字未寫。寫一句，或有三句未寫。遇此等處，當運用自己聰明，始解讀書。」余枕上竊聽，喜而不寐。然亦不知所講何書，此後乃以枕上竊聽為常。〔註6〕

又一次，他說：

　　先父對余課程，似較放任，不加督促。某夕，有兩客來閒談，余臥隔室，聞先父告兩客：「此兒亦能粗通文字。」舉余在學校中作文，即在家私效先兄作散篇論文，專據《三國演義》寫關羽論、張飛論等數十篇，私藏不予先兄知之，乃先父此夜亦提及，余驚愧不已。此後遇先父教導先兄，時亦許余旁聽。〔註7〕

由上述諸事可見，錢穆先生在童稚時期，受良好家教的影響很深，特別是父親對他的教誨、啟發，身受此種環境薰陶，足為他日後的經、史、子、集等國學的研究基礎，紮下了厚厚的根柢。

　　光緒三十年，先生進入了蕩口鎮成立的「果育學校」就讀，當時的體育教師錢伯圭先生，是鄉里間有聲望的人，亦是革命黨人，他以民族思想相教導，啟發了先生的民族意識。此時，影響先生最大的一本書籍，則是蔣百里所譯的《自學篇》，錢先生說：

　　我在前清光緒年間，讀小學的時候，因為作文成績特優，老師獎賞一本課外讀物，我至今還記得書名是《自學篇》，由蔣百里先生從日本翻譯過來的，其中記述了四十多位歐洲自學成功的名人小傳，一篇篇刻苦勤學的奮鬥故事，使我讀了大受感動。〔註8〕

可見，他一生勤學不懈、奮力向上的精神，其精神動力的源頭，當是歸功於此書的影響。在「果育小學」就讀期間，除了錢伯圭外，華倩朔、華紫翔、顧子重等諸位老師，〔註9〕都對錢先生有所啟發，也為他日後的治學蹊徑、研究方向奠立了良好的基礎。

　　先生十二歲喪父，那時家徒壁立，一家五口皆仰賴「懷海義莊」的撫卹為生。明

〔註6〕見錢穆，《八十憶雙親‧師友雜憶合刊》，頁14。
〔註7〕見同上註。
〔註8〕見錢穆，〈我和新亞書院〉，轉引自李木妙，《國史大師錢穆教授傳略》，頁9。
〔註9〕參見錢穆，《八十憶雙親‧師友雜憶合刊》所載〈果育學校〉一文，頁33～42。

年，與兄長聲一先生投考常州府中學堂。聲一先生讀師範科，翌年畢業任教，乃辭謝不領義莊的撫卹金。〔註10〕先生肄業常中三年多，很得監督屠孝寬的愛護，在治學方面，則深受呂思勉的影響，先生成名後，仍時常與呂氏書信往來、相互切磋，先生所撰的《國史大綱》，曾經給呂氏作最後校閱，然後再由香港的商務印書館付印。〔註11〕

宣統二年，先生十六歲，因參與請求學校於次年增加希臘文課程，並減去修身課的活動，結果未被獲准，他便憤而退學，遂移居療養室，偶讀譚嗣同的《仁學》，深受感染而私下剪去長辮。明天春，轉入了南京私立鍾英中學就讀，這時期令他印象最深刻的，就是清晨時環城四起的軍號胡笳聲，以及腰佩刺刀在街上邁步的陸軍中學生，讓他油然生起了從軍之熱誠。是年秋，恰遇武昌起義的風潮，學校因而解散，於是他便搭南京最後一班車回家，結束了少年的求學生涯，他這時期所受的影響，誠如嚴耕望所說：

> 尤可歎異者，清末民初之際，江南蘇常地區小學教師多能新舊兼學，造詣深厚，今日大學教授，當多愧不如，無怪明清時代中國人才多出江南，先生少年時代雖然經濟環境極爲困難，但天資敏慧，意志堅定，而稟性好強，在如此優良精神環境中，耳濡目染，心靈感受，自能早有所立，將來發展，自不可量！〔註12〕

以上所論，當是對錢穆先生少年時期作了恰當詳實之評論，也約略看出了這一時期的求學環境，對錢先生而言，其實是一個非常寶貴而且重要的啓蒙階段。

民國元年，先生輟學在家，因爲家境貧困，升學無望，於是一方面訂定了讀書計畫，一方面在鄉間的小學任教。十年間，在任教方面，他則擔任過秦家水渠三兼小學、蕩口鴻模學校、梅村無錫縣第四高等小學、后宅鎮泰伯市立第一初級小學（擔任校長）、廈門集美學校等的教職。在后宅鎮泰伯市立第一初級小學擔任校長其間，就致力於學校規章、課程生活化、廢止體罰和白話文教學實驗等教育改革。〔註13〕他之所以轉入初級小學任教，有兩個原因，據他所說：

> 余之決意轉入初級小學，厥有兩因：一因報載美國杜威博士來華，作教育哲學之演講，余讀其講詞，極感興趣；但覺與古籍所載中國古人之教育思想有不同，並有大相違異處；因念當轉入初級小學，與幼童接觸，作一番從頭開始之實驗，俾可明白得古今中外對教育思想異同得失之究竟所

〔註10〕參見嚴耕望，《錢穆賓四先生與我》（臺北：商務印書館，1992年），頁4～5。
〔註11〕參見錢穆，《八十憶雙親・師友雜憶合刊》，頁48。
〔註12〕見嚴耕望，《錢賓四先生與我》，頁6。
〔註13〕見李木妙，《國史大師錢穆教授傳略》，頁15～16。

在。二則當時大家提倡白話文，初級小學教科書已全改白話文體，而余在
民國七年曾出版一部《論語文解》，專爲指示學生作文造句謀篇之基本條
件而作；極思轉入初小，一試白話文對幼童初學之利弊得失所在。〔註14〕

此外，在自修讀書方面，這時期他閱讀了《孟子》，《史記》，嚴復譯著的《斯賓塞群
學肄言》、《穆勒名學》，章學誠《文史通義》，夏曾佑《中國歷史教科書》（後改名爲
《中國古代史》），《墨子》等中外書籍，特別是夏曾佑《中國歷史教科書》一書，錢
先生嘗云：

> 余又讀夏曾佑《中國歷史教科書》……得益亦甚大。如三皇五帝，夏
> 氏備列經學上今古文傳說各別；余之知經學之有今古文之別，始此。……
> 又余讀夏氏第一冊，書末詳鈔《史記・史記十二諸侯年表、六國年表》等，
> 不加減一字，而篇幅幾占全書三分之一以上；當時雖不明夏氏用意，然余
> 此後讀史籍，知諸表之重要，則始此。及十年後，余爲《先秦諸子繫年》，
> 更改《史記・六國年表》，亦不可謂最先影響不受自夏氏。〔註15〕

另外，在無師自通的條件下，他也自修了孫詒讓的《墨子閒詁》，出版了第一部單行
本著作《論語文解》一書，他的苦學精神，糜文開則有記述說：

> 他先在蕩口鎮附近幾處鄉村小學教書，每晚刻苦自修，攻讀古書。他
> 沒有先生指導，自己埋頭閱讀，有讀不通的，讀了一遍，再讀兩三遍，一
> 定要推考前後文讀通才罷手。有時疑心書上字句印錯了、印顛倒了，便試
> 擬改正它。他讀《墨子》時，把字句改正了不少。後來查閱商務印書館的
> 《辭源》，知道有清朝孫詒讓校正的《墨子閒詁》，便進城託文華書局向上
> 海去買來。那知把《墨子閒詁》翻開一看，很多地方正與他自己校改的完
> 全相同，於是對自修古書得到了絕大的信心，興趣也增加了，格外努力用
> 功。雖然冬夜窗外冰雪凝寒，他仍每天在窗下盤膝兀坐，一手按摩著冷僵
> 的雙足潛心自修。這樣刻苦地暗中摸索，終於養成了一套無師自通的讀書
> 本領。〔註16〕

由上論可知，錢先生這段時期除了致力於教育的改革之外，亦十分留心於典籍的研讀。

民國十二年，錢先生因集美爆發學潮，轉入了無錫「江蘇省立第三師範」任教
國文課，教學四年期間，他先後編撰了《論語要略》、《孟子要略》、《國學概論》等
講義，後來陸續出版，且著手編撰《先秦諸子繫年》，並試譯了日人林泰輔《周公及

〔註14〕見錢穆，《八十憶雙親・師友雜憶合刊》，頁92。
〔註15〕見錢穆，《八十憶雙親・師友雜憶合刊》，頁75。
〔註16〕見糜文開，〈賓四先生奮鬥史〉，轉引自李木妙，《國史大師錢穆教授傳略》，頁17。

其時代》的一部份而成《周公》一書。

之後，先生得到了胡達人先生的推薦，轉入第四中山大學區「省立江蘇中學」任教國文科兼班主任。在蘇中時代，先生課外的研究工作，主要是撰述《先秦諸子繫年》，此時他也與一些知名學者來往，如胡適之、川人蒙文通、史學家顧頡剛等，特別是後兩位學者，對先生的《繫年》一稿頗爲讚賞，據先生憶說：

> 蔣錫昌時在四川重慶某校任教。得三師校刊，將余此篇講辭（〈先秦諸家論禮與法〉）轉示其同事蒙文通。…乃謂頗與其師（蜀中大師廖季平）最近，持義可相通；遂手寫一長札，工楷，盈萬字，郵寄余。及余在蘇中，文通已至南京，在支那內學院聽歐陽竟無講佛學。一日，來蘇州訪余，兩人同遊靈巖山，直至太湖濱之鄧尉。時值冬季，余與文通同乘一轎，……而文通又手攜余《先秦諸子繫年》稿，轎中得暇，一人獨自批覽。語余曰：「君書體大思精，惟當於三百年前顧亭林諸老輩中求其倫比，乾嘉以來，少其匹矣。」及返蘇州城，文通讀繫年稿未畢，但急欲行，遂攜余稿返南京。〔註17〕

又說：

> 又一日，天一又偕顧頡剛親來余室，是亦余與顧頡剛之第一次見面。頡剛家居蘇州，此次由廣州中山大學轉赴北平燕京大學任教，返家小住。見余桌上諸子繫年稿，問：「可攜返舍下一詳讀否。」余諾之。隔數日，天一又來，告余：「頡剛行期在即，我兩人能偕往一答訪否。」余曰：「佳！」兩人遂同至頡剛家。頡剛言：「君之繫年稿僅匆匆繙閱，君似不宜長在中學中教國文，宜去大學中教歷史。」…〔註18〕

因此，在顧頡剛先生的推薦下，中山大學來電致聘，但因蘇中校長汪懋祖先生的挽留，之後加上家中發生變故，〔註19〕因此未能到廣州。

民國十九年，他又受顧頡剛的推舉，爲《燕京學報》撰寫了〈劉向歆父子年譜〉，指出康有爲《新學僞經考》一書說劉歆僞造古文經，在時間、方法、目的上，有二十八處不通，該文一出，震撼了當時北方的學術界，讓各大專院校原本主張康氏今文家說法，而開設的「經學史」及「經學通論」等課程，多在同年的秋後停開。隨

〔註17〕見錢穆，《八十憶雙親・師友雜憶合刊》，頁 126～127。

〔註18〕見錢穆，《八十憶雙親・師友雜憶合刊》，頁 128。

〔註19〕民國十七年夏秋之際，錢先生的妻子與新生兒相繼過世，其兄長爲料理先生家人後事，亦因勞累過度，舊疾發作而亡。在錢穆先生《總目・先秦諸子繫年・跋》（臺北：聯經出版事業公司，1998 年）曾描述這時期的心路歷程說：「然秋後家禍大作，兒殤妻歿，兄亦繼亡，百日之內，哭骨肉之痛者三焉，椎心碎骨，幾無人趣。」頁33。

後，先生任教於燕京大學，那時學界對老子所處的年代頗有爭議，胡適認為老子在孔子之前，馮友蘭與顧頡剛提出老子在孔子之後，先生則前後發表了〈先秦諸子繫年考辨〉、〈關於老子成書年代〉等學術論著，提出了老子所處的年代應在戰國晚期的主張，而備受矚目。然因教會學校環境、外國行政語言和西式辦公作風，終感不易適應，故任教燕大一年即辭職。〔註20〕

民國二十年，再因顧頡剛的安排，蘇州北京大學寄來聘書，任教北大歷史系，同時亦在清華大學、燕京大學、北平師範大學等兼課。先生在北大開「中國上古史」、「秦漢史」、「近三百年中國學術史」等課，他屢創新說，除了認為老子出孔子後之外，甚而又言老子出莊周後，與胡適多次的討論老子年代，可見先生的學問，並不是亦步亦趨的推崇古籍，其治學方法，亦深具考據的精神，故而他說：

> 孟真與頡剛雖一時並稱適之門下大弟子，但兩人學術路向實有不同。
> 頡剛史學淵源於崔東壁之《考信錄》，變而過激，乃有《古史辨》之躍起。
> 然考信必有疑，疑古終當考；二者分辨，僅在分數上。如「禹為大蟲之說」，
> 頡剛稍後亦不堅持；而余則疑《堯典》、疑《禹貢》、疑《易傳》、疑《老
> 子》出莊周後，所疑皆超於頡剛。然竊願以考古名，不願以疑古名；疑與
> 信皆須考，余與頡剛，精神意氣仍同一線，實無大異，而孟真所主者，則
> 似尚有迥異於此者。〔註21〕

就因先生的這種講課方式，故在北大上課時，「幾如登辯論場」。〔註22〕次年，先生開「中國政治制度史」一門課，但歷史系主任陳受頤以為今已是民主時代，此前中國君主專制，不必再講，故而歷史系學生無一選課。但法學院院長周炳霖認為政治系學生只知西洋政治，不知中國政治，當令學生選聽此課，遂有政治系全班學生來選聽此課。稍後，歷史系學生亦來旁聽，後來該課程講義，先生纂輯成《中國歷代政治得失》一書出版。〔註23〕

當時北平人文薈萃，先生在北平的八年間，交友廣闊，除了在蘇州認識的胡適、顧頡剛、蒙文通外，還新交了傅斯年、章太炎、陳寅恪、熊十力等三四十位學者，相互切磋學問。同時也出版了《墨子》、《王守仁》、《國學概論》、《惠施公孫龍》、《老子辨》和《中國近三百年學術史》等書。〔註24〕

〔註20〕參見李木妙，《國史大師錢穆教授傳略》，頁 26。
〔註21〕見錢穆，《八十憶雙親‧師友雜憶合刊》，頁 146。
〔註22〕見錢穆，《八十憶雙親‧師友雜憶合刊》，頁 145。
〔註23〕見錢穆，《八十憶雙親‧師友雜憶合刊》，頁 147～148。
〔註24〕見李木妙，《國史大師錢穆教授傳略》，頁 29。

民國二十六年「盧溝橋事變」爆發，先生隻身偕湯用彤、賀麟等南行，抗戰期間，他在昆明撰述了《國史大綱》、《史記地名考》、《清儒學案》、《中國文化史導讀》等著作，尤其是《國史大綱》一書，極具民族意識，嚴耕望說：

> 先生前在北平與昆明講通史，本已轟動一時。此刻抗戰正在艱苦階段，此書（國史大綱）刊出，寓涵民族意識特為強烈，復在重慶等地親作多次講演，一以中華文化民族意識為中心論旨，激勵民族感情，振奮軍民士氣，故群情嚮往，聲譽益隆，遍及軍政社會各階層，非復僅為黌宇講壇一學人。〔註25〕

可見此書對當時的影響，是極為鉅大的。而《清儒學案》一書，可惜原稿墜落長江，僅存序目。抗戰勝利後，鑑於時局紛擾，而暫不欲返平津京滬等東南地區，應滇人于忠義之聘，在五華書院任教，後亦兼雲南大學教席。

其後，先生因胃病之故，友人有云，倍宜鄉食，加上無錫榮家創辦江南大學，屢邀先生任教，民國三十七年，遂東返。當時校舍在縣西門外太湖之濱山坡上，風景極佳，先生筆其退思，成《湖上閒思錄》一書。是時，又據馬其昶《莊子故》注文，遍誦莊子各家注，以五色筆添注其上，眉端行間皆滿，久而成《莊子纂箋》一書。〔註26〕此書之撰成，「尤為近代《莊子》研究之突出著作。」〔註27〕

之後，先生應廣州私立華僑大學之聘，前往香港。因先前在廣州與張其昀、謝幼偉、崔書琴諸先生有約，在香港辦一學校，遂成立了「新亞書院」，為當時唯一私立不牟利的學校，請趙冰先生為董事長。然辦學之初，學校財經發生困難，於是有民國三十九年的台北之行，當時總統蔣公邀晤餐敘，由總統府每月撥三千港元支持學校經費，及至民國四十二年夏，新亞得美國「耶魯大學」每年兩萬五千美元協款，才使經費問題得以解決。民國四十三年，先生因過度忙碌，胃病劇發，得胡美琦女士照顧，後成連理。這期間，他又先後出版了《中國傳統政治》、《中國社會演變》、《文化學大義》、《中國歷史精神》、《中國思想史》等著作及多篇的論文。

民國五十四年，香港政府選定崇基學院、聯合書院、新亞書院三所學校，欲以三校為基本學院，再成立一所「中文大學」。然新亞的初創精神與辦學宗旨，卻在大學的制度下逐漸消失，加上先生一心想在學術上有所貢獻，故徵得董事會的同意，辭去了新亞書院院長的職務。隨後，應馬來亞大學之邀，偕夫人前往吉隆坡講學，旅居一年，因不勝當地濕氣過重，胃病復發，遂返香港，從事《朱子新學案》的撰

〔註25〕見嚴耕望，《錢賓四先生與我》，頁21。
〔註26〕見錢穆，《八十憶雙親‧師友雜憶合刊》，頁241。
〔註27〕見嚴耕望，《錢賓四先生與我》，頁23。

述。民國五十六年，五月間，香港發生左派暴動，於是決定遷居台北。

後來，先生夫婦選擇了士林外雙溪近東吳大學東側爲地點，蔣中正總統聞知，即令「陽明山管理局」依先生所擇地點及設計圖則，用公帑建兩層賓館，以示對先生的禮遇，署榜爲「素書樓」。先生遷居外雙溪後，繼續爲學術努力，撰寫《朱子新學案》，翌年七月，當選中央研究院院士，時年七十四歲。

民國五十八年，《朱子新學案》完稿後，應張其昀禮聘，任「中國文化大學」歷史系博班導師，又先後在國立台灣大學、私立輔仁大學、私立東海大學等歷史系兼課。此時先生亦著有《中國史學名著》、《雙溪獨語》等書。民國六十八年，雙目因胃病而失明，但仍著述不輟，有《晚學盲言》諸書問世。後來因爲「素書樓迫遷風波」，〔註28〕打破了先生晚年的平靜生活，先生夫婦爲了不落人「享受特權」的口實，在民國七十九年六月，提前搬出了「素書樓」，住入台北杭州南路的自置寓所，八月三十日上午九時十五分逝世於該新寓所內，享年九十六歲。

先生一生自學以成，憑著刻苦的精神與堅定的毅力，在窮困清貧的環境下，不屈不撓的刻苦勤學、奮力向上，而終究成爲一代的文史大師，著實值得吾人敬佩與尊崇。先生的求學態度，據他所述：

> 雖居鄉僻，未嘗敢一日廢學；雖經亂離困厄，未嘗敢一日頹其志；雖
> 或名利當前，未嘗敢動其心。〔註29〕

由此可見，先生在讀書上，可說是手不釋卷、好學不已，不因外物的紛擾，而影響其向學的心境。先生治學的概況，嚴耕望則作了評述說：

> 綜觀先生一生治學，少年時代，廣泛習讀中國古籍，尤愛唐宋韓歐至
> 桐城派古文，後始漸趨向學術研究。壯年以後乃集中向史學方面發展，故
> 史學根基特爲廣闊，亦極深厚。再就先生治學途徑發展程序言，先由子學
> 入門，壯年時代，最顯著成績偏再考證功夫，中年以後，以通識性論著爲
> 重。但不論考證或通識論著，涉及範圍皆甚廣泛，如政治、如地理，亦涉
> 及社會與經濟，惟重心觀點仍在學術思想，此仍植基於青年時代之子學愛
> 好，是以常強調「學術領導政治，學統超越政統。」〔註30〕

〔註28〕所謂「素書樓風波」，係民國七十七年五月二十日，台北市議會抨擊錢先生所居「素書樓」爲「非法佔用市產」，讓平靜的「素書樓」，像忽然中了炸彈般，消失了往昔的寧靜生活。所論詳參錢胡美琦〈遷出素書樓的始末〉，《聯合報》聯合副刊，民國八十年四月十三日。

〔註29〕錢穆，《宋明理學概述·序》，收入《錢賓四先生全集》（臺北：聯經出版事業公司，1998年）第9冊，頁8。

〔註30〕見嚴耕望，《錢賓四先生與我》，頁35～36。

從嚴氏的評述，更可看出錢先生在治學上，既涉獵廣博，又紮實深厚，其重視學術之精神，更在青年時代就根植膺中，故而能夠著作等身，留下豐富的書籍，讓後人含英咀華、深思細酌。

除此之外，先生更在動盪的時代，創立新亞學院作育英才、提攜後學，並「義無反顧地毅然肩負起維護立國根本的儒家道統，發揚傳統優秀的中華文化等救亡圖存之時代使命」，〔註31〕此種傲骨嶙峋的高尚風格，當可薪盡火傳，永留後世作為典範。

第二節　錢穆史學研究略述

錢先生畢生的學術成就，廣涉經、史、子、集等各方面的知識領域，尤其是在史學部分，最受到學界的肯定，其成果也最為豐碩，而他之所以將精力投注於此，實是要深究中國文化的問題，他說：

中國文化問題…實為一極當深究之歷史問題。中國文化，表現在中國已往全部歷史過程中。除卻歷史，無從談文化，我們應從全部歷史之客觀方面來指陳中國文化之真相。〔註32〕

由於錢先生認為中國文化的表現，不僅只有哲學問題，更重要的是歷史問題，所以他才會致力於史學的研究。對於錢先生的研究視域，余英時則說：

事實上，他無論是研究子學、文學、理學，也都是站在「史學立場」上。我們可以說，「史學立場」為錢先生提供了一個超越觀點，使他能夠打通經、史、子、集各種學問的千門萬戶。而且他的治學經驗更使他深切體會到：如果劃地自限，跼蹐於某一特殊門戶之內，則對此門戶本身也不能得到比較完整的瞭解。錢先生畢生致力於破除門戶之見，更不肯自己另建門戶，其更深一層的根據便在這裡。〔註33〕

由這段話可看出，不管錢先生在研究任何學問，他所強調的就是「史學立場」，此一立場並不偏向於任何一家或任何一派，是以一種「超越觀點」的視域，破除門派家法的迷思。

舉例而言，如錢先生所撰〈劉向歆父子年譜〉一文，此篇是奠定其學術地位的力作，文中指出了康有為《新學偽經考》說劉歆偽造古文經的不通之處，多達二十八項，主要從時間、偽造方法與偽造目的三方面來闡述，今概述文中要義於下：

〔註31〕見李木妙，《國史大師錢穆教授傳略》，頁63。
〔註32〕見錢穆，《中國文化史導論・弁言》，收入《錢賓四先生全集》第29冊，頁8。
〔註33〕見余英時，《猶記風吹水上鱗——錢穆與現代中國學術》，頁35。

　　第一，從時間看。劉向死於漢成帝綏和元年，劉歆復領校五經在二年，爭立古文經博士在哀帝建平元年，離劉向死不到二年，離劉歆領校五經才數月。劉歆僞造諸經是在劉向未死前還是在死後？如果說在劉向死前，劉歆已編僞諸經，那麼劉向爲何不知道？如果說是在劉向死後兩年，劉歆領校五經才幾個月，怎麼能這麼快編造僞諸經？這顯然說不通。

　　第二，從僞造方法看，所謂僞造方式是指劉歆編僞諸經是一人所爲還是多人所爲？如果是一人所爲，古代書籍爲竹簡制成，非常繁重，設想若一人所爲，是絕對不會造出群經的。如果說是眾人所爲，那麼爲什麼這麼多造僞經的人中沒有一個人泄漏其僞呢？當時有許多學者與劉歆共同參加編纂五經的工作，爲什麼沒有一個人說劉歆僞造諸經？其中還有一些有名的經學家，如尹咸父子、班斿等，其中尹氏父子位在劉歆之上，也沒說劉歆造僞。蘇竟與劉歆同時校書，東漢開始尚在，其人正派，也沒說劉歆造僞。揚雄校書天祿閣，這是當年劉歆校書的地方。如果說劉歆造僞經，揚雄爲何看不見僞跡。東漢諸儒，如班固、張衡、蔡邕共同校書，也未見劉歆造僞之跡。桓譚、杜林與劉歆同時，都是通博洽聞之士，而且在東漢朝廷地位也很顯赫，爲何不言劉歆造僞經書？錢先生列舉了大量實例考證，不論是從個人還是從眾人角度來講，證明劉歆僞造經書均不可信。

　　第三，從僞造經書的目的來看。康有爲認爲，劉歆僞造經書的目的是爲王莽篡權服務。錢穆指出，劉歆爭立古文諸經的時候，王莽剛退職，當時絕對沒有篡權的動向，說劉歆僞造諸經是爲王莽篡權服務是毫無根據的。說劉歆僞造諸經獻媚於王莽，主要指《周官》。然而，《周官》屬晚出書，在爭立諸經時，《周官》不包括在內。後來是王莽依據《周官》以立政，不是劉歆根據王莽的意圖來僞造《周官》。說獻媚於王莽並幫助他篡位的「符命」。「符命」淵源於靈異，喜歡講靈異的是今文經學家。劉歆既不言符命，也不言靈異，不說《今文尚書》，與王莽篡位無關。《周官》是王莽得志後據以改制，不是憑借助篡的。至於說劉歆僞造《周官》以前，已先僞造《左傳》、《毛詩》、《古文尚書》、《逸禮》諸經，《周官》所以獻媚於王莽，僞造《左傳》諸經又是幹什麼？說劉歆僞造諸經爲王莽篡權服務，那麼王莽篡權後，劉歆應該得意，爲國師公，倍加尊信，而王莽當朝六經祭酒、講學大夫多出自於今文諸儒，這又怎麼說呢？而且《左傳》傳授遠在劉歆之前，有其淵源，也非劉歆僞造。至於其他經書在先秦就有，並不是劉歆僞造。〔註34〕錢先生曾自述說：

　　　　蓋清儒治學，始終未脫一門户之見。其先則爭朱王，其後則爭漢宋。

〔註34〕所論見郭齊勇、汪學群，《錢穆評傳》，頁106～107。

其於漢人，先則爭鄭玄王肅，次復爭西漢東漢，而今古文之分疆，乃由此而起。其治今文經學者，其先則爭左氏與公羊，其次復爭三家與毛鄭。其於推尋家法，紬繹墜緒，未爲無功。而經之愈幽，鑿之益深，流遁而忘反，遂謂前漢古文諸經，盡出劉歆僞造，此則斷斷必無之事也。〔註35〕

可見錢先生批判康氏所論之謬，並非是所謂「一提到這個問題（今古文之辯），這人不是站在今文家的立場上來同古文家爲難，就是站在古文家的立場上想來壓倒今文家」〔註36〕的這種膚泛思維，其實他此文雖爲古文家申辯，但並不代表他就是墨守古文家法者，如古文家認爲古代就有六經，《樂》在秦火焚書後亡佚，故而漢代才以五經傳世，〔註37〕但錢先生卻主張孔子時已無《禮》、《樂》等典籍存在，而云：

漢書藝文志：「禮自孔子時而不具，至秦大壞。」則孔子已不見有禮經矣。〔註38〕

又說：

「樂」與詩合，本非有經。〔註39〕

可知錢先生並非一昧的站在古文家的立場，以駁倒今文家爲要務，其實他是有鑑於清儒的「未脫一門戶之見」，而無任何的門戶之見。他主要的目的，即是要以一種宏觀的態度，泯除派別之隔閡，而在「疑古」的風氣之下，爲經學考辨出一詳實的原貌，而不是讓經學成爲政治上的附庸，故可說「錢先生以客觀史實來解決今古文之爭，推陷廓清道咸以來常州學派今文學家散布的某些學術迷霧。〈劉向歆父子年譜〉不但結束了清代經學上的今古文之爭，平息了經學家的門戶之見，同時也洗清了劉歆僞造《左傳》、《毛詩》、《古文尚書》、《逸禮》諸經的不白之冤。自從此書問世以後，幾十年來，凡是講經學的都能兼通今古，古文經學家如章太炎和今文經學家如康有爲之間的鴻溝已不復存在。學術界已不再固執今文古文誰是誰非的觀念。」〔註40〕

除了打破門派的隔閡外，他亦不爲自己創立門派、造成對立，甚而他在《朱子新學案》的例言中還說：

學者囿於門戶之見，治理學則必言程朱、陸王。朱子於二程，固所崇重，亦非株守。

〔註35〕見錢穆，《兩漢經學今古文平議・自序》（臺北：東大圖書，1978年），頁1。
〔註36〕見顧頡剛，《古史辨（五）・自序》，頁2。
〔註37〕參見楊翠玲，《錢穆老子學研究》（臺北：東吳大學中國文學研究所碩士論文，2001年），注69，頁29。
〔註38〕見錢穆，《國學概論》（臺北：商務印書館，1998年），頁17。
〔註39〕見錢穆，《國學概論》，頁19。
〔註40〕見郭齊勇、汪學群，《錢穆評傳》，頁107～108。

又說：

> 學者又有經學、理學乃及漢學、宋學之辨，此等皆不免陷入門戶。朱子學，廣大精深，無所不包，亦無所不透，斷非陷入門戶者所能窺究。本書意在破門戶，讀者幸勿以護門戶視之。〔註41〕

準此而論，更可深知他不受家派約束，所以為學能夠「廣大精深，無所不包」之學術成就。此種不拘一格的學術態度，更可在其《國史大綱》的引論中得其要義，錢先生自述云：

> 故治國史不必先存一揄揚夸大之私，亦不必先抱一門戶立場之見。仍當於客觀中求實證，通覽全史而覓取其動態。若某一時代之變動在學術思想，我即著眼於當時之學術思想……。若某一時代之變動在政治制度，我即著眼於當時之政治制度……。若某時代之變動在社會經濟，我即著眼於當時之社會經濟，而看其如何為變。變之所在，即歷史精神之所在，亦即民族文化評價之所係。而所謂變者，即某種事態在前一時期所未有，而在後一時期中突然出現。…〔註42〕

由此可見，錢先生在鑽研國史方面，並不受到門戶的影響，而採客觀立場，對全史先作一通徹觀覽，再由當中尋覓出要旨。關於客觀中求其整體的治學精神，吾人可由錢先生的著名代表作《先秦諸子繫年》看出梗概。《繫年》先對諸子的年代進行考據，點出了前人治諸子年世的三大弊病，一是「各治一家，未能通貫，故治墨者不能通於孟，治孟者不能通於荀。自為起訖，差若可據，比而觀之，乖戾自見。」二是「詳於著顯，略了晦沉，故於孔墨孟荀則考論不厭其密，於其他諸子則推求每嫌其疏。不悟疏者不實，則實者皆虛。」三是「前人為諸子論年，每多依據《史記·六國表》，而即以諸子年世事實繫之。如據《魏世家》、《六國表》魏文稱侯之年推子夏年壽，據《宋世家》及《六國表》宋偃稱王之年定孟子遊宋是也。然《史記》實多錯誤，未可盡據。」有鑑於此，錢先生則提出了自己不同於前人的治諸子學三項論點。第一，「余之此書，上溯孔子生年，下逮李斯卒歲。前後二百年，排比聯絡，一以貫之。」第二，「余之此書，一反其弊。凡先秦學人，無不一一詳考。若魏文之諸賢，稷下之學士，一時風會之所聚，與夫隱淪假託，其名姓在若存若亡之間者，無不為之緝逸證墜，辨偽發覆，參伍錯綜，曲暢旁通，而後其生平出處、師友淵源、學術流變之跡，無不粲然條貫，秩然就緒。」第三，「余之此書，於先秦列國世系，多所考核，別為通表，明其先後。前史之誤，頗有糾正，而後諸子年世，亦若網在

〔註41〕兩說見錢穆，《朱子新學案（一）·例言》，收入《錢賓四先生全集》第11冊，頁13。

〔註42〕見錢穆，《國史大綱·引論》，收入《錢賓四全集》第27冊，頁33～34。

綱，條貫秩如矣。尋源探本，自無踵誤襲謬之弊。」〔註43〕據此可知，錢先生在研究諸子流派方面，是系統性的加以考究，並不拘限於某種單一的觀點，所以《繫年》的學術貢獻，顧頡剛才指出說：「雖名爲先秦諸子的年代考辨，而其中對古本《竹書紀年》的研究，於戰國史的貢獻特大。」〔註44〕此種貢獻，吾人細細思索，則能看出諸子彼此間的關連，是一髮牽而全身動的密不可分，這種求實證、覓動態的研究方向，正是錢先生一貫的治學識見。

此外，他對史學之研究，亦著力於歷史之「變動」，故可說他是秉持著一種「察變」的精神，敏銳的對史學的發展進行剖析，而不僅僅是泛泛的對史實加以描述而已。他更描述「察變」的方法說：

> 凡治史有兩端：一曰求其「異」，二曰求其「同」。何謂求其異？凡某一時代之狀態，有與其先、後時代突然不同者，此即所由劃分一時代之「特性」。從兩「狀態」之相異，即兩個「特性」之啣接，而劃分爲兩時代。從兩時代之劃分，而看出歷史之「變」。從「變」之傾向，而看出其整個文化之動態。從其動態之暢遂與夭閼，而衡論其文化之爲進退。此一法也。何謂求其同？從各不同之時代狀態中，求出其各「基相」。此各基相相啣接、相連貫而成一整面，此爲全史之動態。以各段之「變」，形成一全程之「動」。即以一整體之「動」，而顯出各分部之「變」。於諸異中見一同，即於一同中出諸異。全史之不斷變動，其中宛然有一進程。自其推動向前而言，是謂其民族之「精神」，爲其民族生命之泉源。自其到達前程而言，是謂其民族之「文化」，爲其民族文化發展所積累之成績。此謂求其同。此又一法也。〔註45〕

原來所謂「察變」，即檢視時代的「異」、「同」，求「異」之法在審識兩不同時代之「特性」，從其變之跡象，即可看出文化的始末興衰，而有全盤性的認知；所謂的「同」，即由不同時代的「基相」裡，去探討爲何此「基相」會存在於當時的時代之中，就可將各時代的「基相」串連成一整體，而瞭解其延續遞進之脈絡，此即「以各段之『變』，形成一全程之『動』」，如此治史，方能視界開闊，而不囿於一端。錢先生又有一段話，具體探討治史的論點，可更進一步看出他的史學觀，他說：

> 史書記載「史情」，應具「史意」，什麼叫「史情」呢？這是當時一件事的實際情況。……每一件史事背後，我們要懂探求其實情。這實情背後

〔註43〕錢穆，《先秦諸子繫年·自序》（臺北：東大圖書，1986年），頁1～2。

〔註44〕見顧頡剛，《當代中國史學》（香港：龍門書店，？），頁104。

〔註45〕見錢穆，《國史大綱·引論》，收入《錢賓四全集》第27冊，頁33。

就有一個「史意」，這是在當時歷史實際具有的一種意向。……史書的最
大作用，要能發掘出他所寫這一時代的「史情」與「史意」。〔註46〕

上述所論，即可看出錢先生的對史學往往獨具慧眼，原因在於探求「史情」背後所
隱含的「史意」。其實，「史情」就是歷史事件，「史意」就是歷史趨向，一件歷史事
件的發生，其背後必有其支持這歷史事件的動力，這件歷史事件才會發生，故而錢
先生要吾人深察「史意」，才又說：

史書最重要的要能看出當時這許多史事背後的實情和意向；而劉知幾
《史通》在這方面是缺乏的。他只注意在幾部史書的文字上，沒有注意到
歷史的內容上。他只論的「史法」，沒有真接觸到史學。苟無史學，他所
論的史法，都是膚淺的、皮毛的。〔註47〕

由文中對劉氏的批評，可知他治史學，主張探究歷史事件背後的意義，大於表象文
字的史實敘述，即要能深察「史意」，才能對整個歷史事件有一首尾連串的理解，這
也是他在研究史學方面，能有卓越成就之處。從此種角度切入，來探討錢先生對先
秦諸子學術思想的闡釋，亦頗能看出他重視「史意」的痕跡。即他並不認為到了秦
始皇統一六國時，春秋戰國的思想便告一個段落，而秦漢這個時期，似乎就被視為
一個脫空的時期；相反地，他認為在秦始皇到漢武帝這一段期間，才是諸子思想真
正得到了調和與統一的時期。

因為在春秋時代，人的思想傾向於拋開對宇宙界的探索，專心於解決人生問題，
如子產就是這方面代表。孔子的思想雖承接著春秋，但卻已隱含著天人合一的傾向，
只是隱而不發。孟子的性善論，雖搭起了天人相交處的一座橋，但仍是強調要從天
過渡到人，因此還是偏重在人這一邊，莊子要使人重新回歸到天，但卻用力過猛，
而被荀子評為「蔽於天而不知人」。然而荀子的學說，顯然又將天、人分裂了，這明
顯背離了孔子天人合一的思想。故有老子開始提出「人法地，地法天，天法道，道
法自然」的理論提出，但老子在面對修身、齊家、治國、平天下等人生的實際面上，
則重視不夠，因過多偏重自然，而輕視了人文，這時《易傳》、《中庸》則彌補了這
方面的缺點。

《易》、《庸》一方面淵源於孔、孟重視人生界的思想，認為人道的本身即是天
道，另一方面則又吸收了莊、老強調宇宙界的理念，先從認識天道入手來規範人道。
故而可說《易》、《庸》的宇宙觀是一種德行的宇宙觀，是採取莊、老的自然界來闡
發孔、孟的人生觀，而《易》、《庸》本身則是以儒家思想為宗主，進而把諸家思想

〔註46〕見錢穆，《中國史學名著·劉知幾史通》，收入《錢賓四先生全集》第33冊，頁192。
〔註47〕見錢穆，《中國史學名著·劉知幾史通》，頁193。

統一了起來。

其次，〈大學〉、〈禮運〉也是調和這時期思想的重要經典。〈大學〉的貢獻在於把全部複雜的人生界，用內外（心與行、德與業、知與物、我與人）、本末（身與家國天下、個人與社會大群）一些簡單的觀念與系統來加以包容和說明。這是人生哲學的一元論，也是一種德行一元論。在人生的一元論中，政治只是一種文化事業，一種道德事業。國家是社會大群體的機構，此機構中以人爲中心地位，而善是人生的最高理想，也是人心內在所固有，把人心內固有的善發揚光大，則全人類可以達一終極融和的境界。此種孔孟的傳統，在〈大學〉裡卻以最簡單明確而又系統化的方式表達出來了。

而〈禮運〉則是把理想的人生社會分爲兩個階段，到達治國階段的僅是小康世界，到達平天下階段的才是大同世界。在治國階段的人，不免爲己爲私，化不盡家庭觀與國家觀。到了平天下階段，並非是沒有了民族國家，而是將爲私的觀念轉化爲爲公，如此就達到人生的至善境界了。所以《禮運》思想仍是儒家思想的推衍，但提高了道的地位，抑制了禮的地位，這已融進了道家觀念。

最後總結先秦的思想，正是在秦漢之際，以儒家爲宗而融合統一了諸家，諸子中的儒家，既是結束王官貴族學開啓諸子平民學的宗主，也是結束諸子學開啓兩漢經學時代的宗主。〔註48〕這種從諸子的演變背景，去重構出一種整體性的可能詮釋，便是所謂「史意」的眞精神。錢先生在經學、子學方面的學術研究，戴景賢則指出說：

> 錢先生唯因自始即接受一種建立於考辨基礎之學術史觀念，故對於中國思想史上問題線索之發展，乃係本於一新的有關經、子之書與經、子之學所以形成之認識予以觀察。且其最早期有關先秦學術史之考辨，乃當時學界整體工作中極重要的一部份。〔註49〕

上述評論，更可推而廣之地看出錢先生在經學、子學方面的研究，仍是採取一種史學觀點，以客觀的考辨方式，一一對經學、子學文獻加以抽絲剝繭的詳細辨析，再從當中建構出一整體性的學術衝接脈絡，使經學、子學的學術發展之前後因果，有一既符合實情又具系統性的呈現。

然而，錢先生在注重整體性治學態度的同時，他亦尊重領域的專業性，余英時在〈錢穆與新儒家〉一文則深論說：

> 總之，在中國學問的領域內，錢先生一方面破除門戶之見，一方面又

〔註48〕關於諸子總結之論，參見郭齊勇、汪學群，《錢穆評傳》，頁132～135。
〔註49〕戴景賢，《中國歷代思想家》，頁262。

尊重現代的專業。這種似相反而實相成的論點是相對於一整體的觀念而成
立的；門戶可以有高下大小之異，但同是此文化整體的門戶。因此沒有任
何一個門戶有資格單獨代表整體。一切專業也都起於對此整體進行分途研
究的需要，因此我們對於此整體的瞭解正有賴於各門專業的精進不已。錢
先生所反覆致意的則是：研究中國學問的人無論從什麼專業入手都必須上
通於文化整體，旁通於其他門戶。因爲唯有如此，才能免於見樹不見林之
病。〔註50〕

從這段話，可知錢先生一方面重視學問的整體性，另一方面也強調各項領域的專業
性，故而可見錢先生所謂的「整體性」，並非僅是囫圇吞棗的雜糅各家學說，他也認
爲領域的專業是需要的，但必須要有整體性的視域，才能觸類旁通、見樹見林。故
可見錢先生的研究視角，也不因爲破除門戶而不注重「微觀」的專業性，關於此點，
余英時也有一番闡釋，他說：

用今天的話來說，錢先生所提倡的是「宏觀」和「微觀」交互爲用。
他自己的工作便提供了最有力的證據。《國史大綱》以三十萬字概括了中
國史的全程固然是宏觀的大手筆，《朱子新學案》以百萬言分析朱熹一人
的思想和學術的發展則更是微觀的極致。〔註51〕

可知，錢先生的研究角度，並不流於「宏觀」或「微觀」的任一狹隘視野，而是視
研究所需，兩者交互爲用，如此則能兼顧學術眼光的敏銳度與精益求精的洞察力，
造就了他既能博又能專的學術研究態度。

總而論之，錢先生的學術見解，是以一種史學的眼光，在既定的歷史事實上，觀
察出其「變」的軌跡，並探究其整體的概念，因此他認爲「講歷史應該注重此兩點：
一在求其變，一在求其久。我們一定要同時把握這兩個精神，纔能瞭解歷史的眞精神。
所以『鑒古知今』『究往窮來』，這纔是史學的精神。史學是一種生命之學，研究文化
生命，歷史生命，該注意其長時間持續中之不斷的變化，與不斷的翻新。要在永恆中
有日新萬變，又要在日新萬變中認識其永恆持續的精神，這即是人生文化最高意義和
最高價值之所在。」〔註52〕據此，可知錢先生研究歷史，是認爲「史學不僅是在保留
人類已往的經驗，而實際是要觀察瞭解全部的人生，來求得其中的意義和價值，然後

〔註50〕收入余英時，《猶記風吹水上鱗——錢穆與現代中國學術》（臺北：三民書局，1991
　　　　年），37。
〔註51〕余英時，《猶記風吹水上鱗——錢穆與現代中國學術》，頁43。
〔註52〕見錢穆，《中國歷史精神》，收入《錢賓四先生全集》第29冊，頁13。

才能成為一種恰當的歷史記載。」〔註53〕故可說他治史學，並不單單僅是研究文字的紀錄，更值得探索深論的，是史實背後之變遷所反映的人生經驗。

本節之所以敘述錢先生的史學研究，目的在突顯出其研究莊子思想時，亦是從史學文化傳承的觀點出發，也就是說錢先生先從時代背景去探求莊子的思想源頭，接著再由《莊子》、《老子》兩書的文獻著手研究，推衍出莊、老兩家的系譜接續，最後提出「莊先老後」的說法，以建立先秦諸子係本於儒、墨的系統發展而來，而墨又源於儒，如此一來，儒家是先秦諸子的開端，而其關懷社會政治的積極意識和以人道為起點的基本精神，則能進一步的得到肯定。此種的治學方式，當與其重視史學的「整體系」及「在變中求動」的觀點相一致。

〔註53〕見錢穆，《中國歷史精神》，頁7。

第三章 試析錢穆《莊子纂箋》
之篇旨見解與內容大要

　　錢穆先生的《莊子纂箋》，是研究莊子最重要的一部著作，也是其詮解莊子學說
的基礎，內容所呈現的體例，係采擷了諸家說法，再加上作者的見解而成書。關於
《纂箋》的寫作體例，吾人可循線推至明人焦竑所撰的《老子翼》，亦是採此體例。
《老子翼》采擷六十四家釋《老子》，而《纂箋》卻達一百五十多家解《莊子》，其
間的廣博，則更是有過之而無不及。焦竑曾言寫《老子翼》的用心，說：

　　　古之聖人，可以明道，不必皆己出也。況余之於斯，秋毫之端，萬分
　　未處一者乎，於是輟不復作，第取前人所疏，手自排纘爲一編，而一二膚
　　見附焉。〔註1〕

可見，焦氏之成《老子翼》，即是秉持著「可以明道，不必皆己出」的想法，故而采
擷諸家，以觀合於老子之言。吾人若以此種「述而不作」的態度來視《纂箋》，雖錢
先生未嘗明言，然從兩者著作的體例來臆測，則有此意味存在。

　　然而，《纂箋》裡更值得注意的，是除了引用《莊子》的注本外，還更進一步的
推究源頭，采擷了與莊子同時代的《老子》、《韓非子》等書，加以相互比對，讓治
莊者一方面能對先秦學術的發展情況，有一概括的瞭解，另一方面，也能對莊子的
學說加以觸類旁通，而另闢一研究之蹊徑。〔註2〕錢先生於此書用功之深，可從〈序
目〉中得知，他說：

　　　余少知好此書。猶憶辛亥，年十七，負笈金陵。常深夜倚枕，繼燭

〔註1〕見〔明〕焦竑，《老子翼・序》（臺北：廣文書局，1977 年），頁 6。
〔註2〕參見陳重文，〈莊子之學和錢穆的莊子纂箋〉，《出版月刊》第七期（1965 年 12 月），
　　　頁 34。

私誦。…每獲一帙，必首尾循誦，往復不厭。然得於此者失於彼，明於前而昧於後。欲求一通體朗暢，豁人心意者而難之。自是以來，垂四十年矣。〔註3〕

文中可見，錢先生在早年時即研治莊子，而且在這方面所下的功夫十分深厚，甚至，錢先生在序末還云：「天不喪斯文，後有讀者，當知其用心之苦，實甚於考亭之釋離騷。」〔註4〕可知《纂箋》係比照朱子《楚辭集注》的體例，薈萃諸家，網羅群言，體尚簡要，辭貴清通，在訓詁考據、義理、文章三方面都能兼顧，〔註5〕故而要探究其莊子學，則不能不觸及本書。

另外，《莊子纂箋》之成書初版，於民國三十九年，〔註6〕而錢先生論莊子學術的重要書籍《莊老通辨》，則是在民國四十六年初版付梓。〔註7〕可見錢先生是在研究《纂箋》有所心得後，再進一步著作《莊老通辨》，以闡釋其對莊老的詮解。是以本章之目的，欲藉由對《莊子纂箋》的探析討論，進而聯繫於《莊老通辨》裡對《莊子》的詮釋，以相互印證的方式論述錢穆先生對《莊子》思路的建構。因此，筆者首先會對《莊子纂箋》的篇目章旨與其篇章內容進行探究剖析，剖析之目的，是想藉由本書篇目章旨的引注，細加推論尋繹出一架構，以得知錢先生是如何看待內、外、雜篇的章法結構、成書時代與內容思想…等見解，以作為下一章討論〈錢穆對《莊子》一書之詮解〉的基礎。接著，再略論《纂箋》的內容，將其注解的特色，作一詳實的論述，並對其中幾處解釋模稜的地方，亦一併提出討論。

此外，在對《纂箋》的分析論述裡，如有與《莊老通辨》相涉的論點，筆者亦將一併提出探討，將其間的相關連性作一扣合，以更清楚瞭解錢先生注《纂箋》之創見。

第一節　尋繹《莊子纂箋》注解內篇篇目之思維

錢先生自稱《纂箋》的撰述基礎，說：

先就馬通伯《莊子故》，愜者存之，懣者抹之。然後廣集諸家，蟻行

〔註3〕見錢穆，《莊子纂箋·序目》（臺北：東大圖書，1993 年），頁 8。

〔註4〕見錢穆，《莊子纂箋·序目》頁 10。

〔註5〕見錢穆，《莊子纂箋·序目》采掇「朱子」一家的解說，頁 3。

〔註6〕據李木妙，《國史大師——錢穆教授傳略》載：「《莊子纂箋》，香港：自印本，民國 39 年 12 月初版，民國 44 年 2 月再版，民國 46 年 3 月三版；又臺北：東大圖書公司，民國 74 年 11 月重印，280 頁」，頁 141。

〔註7〕據李木妙，《國史大師——錢穆教授傳略》載：「《莊老通辨》（內收《老子辨》），香港：新亞研究所，民國 46 年 10 月初版，民國 60 年台北再版，420 頁」，頁 107。

蠅楷，列於書眉。…〔註8〕

而他對內七篇的看法，則引黃庭堅的見解云：

> 黃庭堅曰：內書七篇。法度甚嚴。二十六篇，解剝斯文耳。〔註9〕

從引文中看出，《莊子纂箋》認為內篇的行文，法度一致、結構嚴謹，自成一體系，至於外雜的二十六篇，僅是「解剝斯文耳」。錢先生所引的內篇注解，正與馬通伯的《莊子故》所見相同，因此可說《莊子故》乃是《纂箋》成書的藍圖、底本，而究竟馬通伯對內篇的看法是如何呢？他說：

> 釋文稱內篇眾家並同，自餘或有外無雜，余謂外雜二篇，皆以闡內七篇之義，其分篇次第，果出自莊子與否，殆不可考。其間皆不無羼益，以其傳久，故一仍之。〔註10〕

上述所論，點出了一個訊息，即內、外、雜篇的分法，雖不一定出自於莊子之手，但在《釋文》所稱的內篇版本，則無有出入，可見內篇的作品，其原貌應為最近於莊周之作，是無可懷疑的。此種看法，實是前有所據，關於內篇作者的問題，大多數的學者，都認為是出於莊周手筆，如鄭瑗云：

> 竊意但其內七篇是莊氏本書，其外雜等二十六篇，或是其徒所述，因以附之，然無可執據，未敢以為然也。〔註11〕

胡哲敷亦說：

> 內篇以外的外篇雜篇，其言論與文筆，都很有與內篇不類的地方；大概全書之中，除內七篇確為莊子手筆外，外篇、雜篇就有很多是莊子弟子，或莊子學派的學者所為。〔註12〕

故此，吾人可推《纂箋》所謂「法度甚嚴」之詞，即意在言外的透露了《莊子・內篇》，係為最接近莊子思想的文獻。而此說是否言之有據呢？針對《莊子・內篇》自成一首尾相應體系的觀點，褚伯秀對內篇解說：

> 始於逍遙遊，終以應帝王者，學道之要，在反求諸己，無適非樂，然後外觀萬物，理無不齊，物齊而己可忘，己忘而養生之主得矣，養生所以善己，應世所以善物，皆在德以充之，德充則萬物符契宗之為師…，大宗

〔註8〕見錢穆，《莊子纂箋・序目》，頁9。

〔註9〕見錢穆，《莊子纂箋・內篇》引注，頁1。

〔註10〕見〔清〕馬其昶，《莊子故・序目》（臺北：成文出版社，1976年《無求備齋老列莊三子集成補編》影印《集虛草堂》刊本），頁8。

〔註11〕見〔明〕鄭瑗，《井觀瑣言》（臺北：藝文印書館，1965年《百部叢書集成》影印《寶顏堂秘笈》本）卷1，頁4下。

〔註12〕見胡哲敷，《老莊哲學》（臺北：中華書局，1987年），頁26。

師之本立矣,措諸治道也何難?內則爲聖爲神,外則應帝應王,斯道之所以斂之一身,不爲有餘,散之天下,不爲不足也。〔註13〕

又林西仲亦云:

> 逍遙遊言人心多狃於小成,而貴於大;齊物論言人心多泥於己見,而貴於虛;養生主言人心多役於外應,而貴於順;人間世則入世之法,德充符則出世之法,大宗師則內而可聖,應帝王則外而可王。此七篇分著之義也。然人心惟大故能虛,惟虛故能順,入世而後出世,內聖而後外王,此又內七篇相同之理也。〔註14〕

綜上所論,更爲「法度甚嚴」一詞,作了充分的註腳,顯示內篇是一次序井然、結構完整的文獻,其所探討的內容,由入世而出世,先內聖而外王,呈現一種層層推進而相爲扣合的關係。準此而論,《纂箋》在注內篇時,才引黃庭堅之說,而注曰:「內書七篇,法度甚嚴。」可見,錢穆先生是將內篇的章理,看成是莊周思想的核心,並且是一條理連貫的作品,因此在《莊老通辨》裡,才以內篇爲主要論據。而《纂箋》對這七篇篇目的引注裡,究竟如何連貫當中的義理呢?此問題則爲本節闡釋的焦點所在。

關於首篇的〈逍遙遊〉,《纂箋》認爲「逍遙」一詞,是莊子用以自喻的境界,後六篇的旨意,無非都在闡發這一命題。故而在〈逍遙遊〉的注云:

> 支遁曰,逍遙者,明至人之心也。郭嵩燾曰,天下篇莊子自言其道術,充實不可以已,上與造物者遊。首篇曰逍遙遊者,用其無端崖之詞,以自喻也。方潛曰,壯大體大用也。無己故無體。無功無名故無用。是爲大體大用。後六篇皆闡此旨。〔註15〕

由引文可知,〈逍遙遊〉是莊子用以自喻的象徵,而且是內篇裡的主要宗旨,可知本篇乃是上與造物者遊的最佳詮釋,能逍遙無執,方能物我無對,以明至人之心。又《纂箋》在「徬徨乎無爲其側」至「安所困苦哉」一段引注曰:

> 屈大均曰,莊生之學,貴乎自得。鯤鵬之化,皆以喻心。無何有之鄉,廣莫之野,心之寓焉者。徬徨逍遙,適其適之至也。化其心爲鯤鵬,化其身爲大樗,夫既已無己矣,而又何功與名乎哉。〔註16〕

〔註13〕見〔宋〕褚伯秀,《南華眞經義海纂微》(上海:古籍出版社,1989年《道藏要籍選刊》影印明刊《正統道藏》本),卷23,頁399。

〔註14〕見〔清〕林雲銘,《莊子因‧總論》(臺北:藝文印書館,1972年《無求備齋莊子集成》影印明刊《正統道藏》本),頁11～12。

〔註15〕見錢穆,《莊子纂箋》,頁1。

〔註16〕見錢穆,《莊子纂箋》,頁7。

根據上論，可見錢先生所理解的「逍遙」，乃是從心境上的無所牽礙而論，鯤鵬、大椿，僅是不得已而言之的表象罷了，實際上，莊子所指的逍遙，所強調者在「遊」，故而《纂箋》才又在本段注曰：

> 嚴復曰，莊書多用遊字。自首篇名逍遙遊，如遊於物之初，遊於物之所不得遯，遊乎天地之氣，遊乎遙蕩恣睢轉徒之塗，聖人有所遊，乘物以遊心，入遊其樊，遊刃，遊乎塵垢之外，遊乎四海之外，遊方之內，遊方之外，遊無何有之鄉，遊心於淡，遊於無有，而遊無朕，皆是。〔註17〕

「遊」字的意義，在於著重個體的意識不受俗物桎梏，如此才能眞正超脫世俗，而無拘無束、逍遙自得，因此，《纂箋》亦在〈養生主〉下注曰：「楊時曰，逍遙篇，子思所謂無入不自得」，由此更可看出，心境上要能無所帶累，才能達到「無己」、「無功」、「無名」。此解宣穎亦有深論曰：

> 不知逍遙遊三字，一念不留，無入而不自得，是第一境界也。一塵不染，無時而不自全，是第一工夫也。蓋至逍遙遊而累去矣，至於累空而道見矣。〔註18〕

上述將「逍遙遊」看成是「第一境界」、「第一工夫」，亦即要先擺落俗世的種種滯累，才能達到「道」的逍遙化境，此說正可與《纂箋》注解中「莊生之學，貴乎自得」相互呼應，互爲發明。即因於此，故而錢先生才說：

> 今若謂道者乃一切之標準，則莊周思想之於儒墨兩家，實乃以一種解放的姿態而出現。因莊周把道的標準從人生立場中解放，而普遍歸之於宇宙一切物，如是則人生界不能脫離宇宙一切物而單獨建立一標準。換言之，即所謂道者，乃並不專屬於人生界。〔註19〕

可見錢先生《纂箋》所解「逍遙遊」，當是將標準由人生界給解放而出，並非是將標準給取消撤除，如此才能「無入而不自得」。

　　然而，要達逍遙之境，必須牽涉到對萬物的評價，而〈齊物論〉一篇，更是莊子看待萬物價值的闡發，《纂箋》在本篇目下引注曰：

> 王應麟曰：莊子齊物論，非欲齊物也，蓋謂物論之難齊也。錢大昕曰：王伯厚前，王安石呂惠卿等，已發其說。嚴復曰：物有本性，不可齊也，所可齊者，物論耳。章炳麟曰：此篇先說喪我，終明物化，泯滅彼此，排遣是非，非專爲統一異論而作。劉咸炘曰：此篇初明萬物之自然，因明彼

〔註17〕見錢穆，《莊子纂箋》，頁7。
〔註18〕見宣穎著・王輝吉校，《莊子南華經解》（臺北：宏業書局，1977年），頁8。
〔註19〕見錢穆，《莊老通辨》，頁115。

> 我之皆是，故曰齊物。後人多誤認爲破是非。雙遣兩忘，乃佛家所主。佛
> 家主空，一切俱不要。道家主大，一切俱要。根本大異，豈可強同。穆按：
> 章劉說是。孟子曰：物之不齊，物之情也。天下篇：彭蒙、田駢、慎到，
> 齊萬物以爲首。則舊讀本齊物相連。〔註20〕

上述注文，值得注意的是，錢先生所採用的見解，是取章、劉兩家的注文。在此，
吾人不免產生疑問，即錢先生的注解，爲何傾向偏於章、劉之說呢？其實，錢先生
此解，是以「齊物」、「論」的斷句法，來理解此篇，即齊物的目的，是就主觀層面
取消物我價值對立的歧見，並非是把萬物客觀存在的差異給抹滅。故此，錢先生才
引劉注言：「佛家主空，一切俱不要。道家主大，一切俱要。」可知，如果將物論等
齊，一切萬物於我視皆然，即屬「主空」、「俱不要」的思維型態；但假使能將主體
的心境，融攝眾物不同價值的存在，如此則能普遍觀照萬物，而達「樞始得其環中，
以應無窮」的妙用，則是「主大」、「一切俱要」的思想進路了。由此推論，則可探
知錢先生爲何認同章、劉的注解了。若吾人再進一步求證，可接續〈逍遙遊〉一篇
的見解來看，《纂箋》所引的屈大均曰：「鯤鵬之化，皆以喻心」，可見逍遙的境界，
在於心境的轉化，而心境所以能轉化，即是要將認知心提升到齊物以觀的層次，而
提升心境觀照萬物，不就是「一切俱要」嗎？等同視之，不分物我，不就是「排遣
是非」嗎？由此可見，《纂箋》裡兩篇的粘合之跡，即能探得其端倪。反觀若以齊「物
論」的角度來看，那麼莊子爲何會有蜩鳩與鯤鵬之別，而說：「小知不及大知，小年
不及大年」〔註21〕的等差呢？基因於此，錢穆先生才又詮解莊子思想言：「至莊子
始人與物並重，此爲莊周思想在先秦諸子中一大創闢，一大貢獻，在莊周以前，固
無此意境也。」〔註22〕

再看〈養生主〉篇目下的引注曰：

> 王夫之曰，形，寓也，賓也。心知寓神以馳役也。皆吾生之有，而非
> 生之主也。養生之主者，賓其賓，役其役，薪盡而火不喪其明。〔註23〕

由引注可知，錢先生將有限的形軀，認爲是「生之有」，以此而論，萬物之生，雖個
有其價值，但亦皆是表象的暫存而已，並非宰制吾人「生之主」，既萬物皆以形寓相
存，是以《纂箋》才以「齊物」的觀點闡釋莊意，將人相融於萬物當中，而不至於
「相刃相靡」，如此可謂養生之主矣！而養生的具體應世方法爲何呢？試看《纂箋》

〔註20〕見錢穆，《莊子纂箋》，頁8。
〔註21〕語見錢穆，《莊子纂箋·逍遙遊》，頁2。
〔註22〕見錢穆，《莊老通辨》，頁150。
〔註23〕見錢穆，《莊子纂箋》，頁24。

在注解「公文軒見右師」一段的最後一句話「以是知其天也，非人也」下引注說：

> 嚴復曰，分明是人，乃說是天，言養生之安無奈何之命。〔註24〕

由此可見，養生之道，並非離世獨立，而是要在人世「安無奈何之命」。其實，莊周也意識到此一問題，故有〈人間世〉一篇的論述，而錢先生又對此篇如何理解呢？且看《纂箋》在〈人間世〉篇目下的引注說：

> 郭象曰，與人群者，不得離人。然人間事故，世世異宜，惟無心而不自用者，為能惟變所適，而何足累。陳于廷曰，莊子拯世，非忘世。其為書，求入世，非求出世也。王夫之曰，此篇為涉亂世以自全之妙術，君子深有取焉。釋德清曰：真人無心遊世，以實庖丁解牛之譬，以見養生主之效也。篇雖各別，而意實貫。〔註25〕

由上述所論，可見錢先生解釋此篇，亦是以入乎人世的角度詮解，從這點來看，更可進一步的區別莊、佛之分，即莊子並非是採單純的出世主義，而是要在人間世中探究一應世之道，此法就如同庖丁解牛一般，在有間之處，尋求無厚之法。然而，吾人雖處於人間世，卻不能僅泥於俗塵的沼澤當中，是以必須內修以應外，因此莊子有〈德充符〉一篇以修己，《纂箋》在標題下引注曰：

> 郭象曰：德充於內，應物於外。外內玄合，信若符命，而遺其形骸也。
>
> 王先謙曰：德充於內，自有形外之符驗也。〔註26〕

莊子雖主張將己身形骸置身於人世之中，但並非隨世浮沈、同流合污，而導致「形就而入，且為顛為滅，為崩為蹶」〔註27〕的危險；相反的，莊子之意是要修己以達於「形莫若就，心莫若和」〔註28〕的「兩行」境界，是以錢先生才闡發〈德充符〉的篇旨為修德於內，以應於外，此解實能與莊意相應。接著，吾人可以再進一步探究，莊子提出了內外合德之說後，其最終的目的究竟為何呢？試看《纂箋》所解〈大宗師〉的引注，曰：

> 宣穎曰，張子云，乾稱父，坤稱母，民吾同胞，物吾與也，可以知大宗矣。老子云，人法地，地法天，天法道，道法自然，可以知大師矣。釋德清曰，內七篇次第相因。大宗師，總上六義師。必若此，乃可為萬世所宗師。內聖之學，此為極則。〔註29〕

〔註24〕見錢穆，《莊子纂箋》，頁26。
〔註25〕見錢穆，《莊子纂箋》，頁27。
〔註26〕見錢穆，《莊子纂箋》，頁39。
〔註27〕見錢穆，《莊子纂箋》，頁34。
〔註28〕見錢穆，《莊子纂箋》，頁34。
〔註29〕見錢穆，《莊子纂箋》，頁47。

吾人也可從《纂箋》的引注得知，〈大宗師〉一篇，為莊周內篇闡述己見的終極要義，此一要義，也就是將宇宙界納入吾人討論的範疇，並將之視為關注的核心，此也就是錢先生論及先秦儒道兩家，在宇宙論方面的思想轉變之跡，他說：

> 在第一階段中，一切思想觀點，大體從人生界出發，而推演引伸及於宇宙界。換言之，在第一階段中，常認為人生界雖可知，而復寄慨於宇宙界之終極不可知，此實為自孔子至莊周一種共同的態度。〔註30〕

故而《纂箋》裡的注解，才以「大宗師，總上六義師」來闡釋篇旨。再者，錢先生解此篇，認為所謂的「大宗師」，是要視天地萬物為一體，亦即張載所言「民胞物與」的精神。故而此篇大義，主要是將吾人原本僅把焦點集中於人事界的視角，給擴大寬廣到了宇宙界，此種視角的開闊，已不再狹隘的侷限於「人」的部分，更深入的關注到了「天」的層面，泯除了天、人之際的分界，達到一種「知天之所為，知人之所為者，至矣」的境界。

再看〈應帝王〉一篇，其實，莊子亦處於人世，終不能避免政治網絡中，君王的制度，故有此篇的著成。又《纂箋》在〈應帝王〉篇目裡，引注曰：

> 郭象曰：無心而任乎自化者，應為帝王也。王夫之曰：應者，物適至而我應之也。不自任以帝王，而獨全其天以命物之化，而使自治，則天下莫能出吾宗。非私智小材，辨是非治亂利害吉凶者之所可測也。釋德清曰：莊子之學，以內聖外王為體用。大宗師乃得道之人，推其緒餘，則無為而化，絕無有意而作為也。錢澄之曰：逍遙遊始，應帝王終。謂之應者，時至則然也。又云：遊，所以逍遙與。〔註31〕

以上所論，無非說明了莊子所謂的帝王，實與人間總攬大權的帝王迥然不同，所謂應者，就如同「至人之用心若鏡」一般，必須要隨映即過、不泥於已存的具體物相，如此才能「勝物而不傷」。因此，錢先生才又闡釋說：

> 莊周並未明白主張無君論，莊周亦未明白主張不要一切政治與政府。彼只謂一個理想之君，須能存心淡漠，順物之自然，而不容私。莊周之所謂私，即指君人者私人之意見和主張。由於此等私人之意見和主張，而遂有所謂經式義度。如是則有君即等於無君，有政府亦將等如無政府。〔註32〕

準此而論，可見錢先生的看法，認為內七篇最終之所以能應帝王，必須要無有私心，

〔註30〕見錢穆，《莊老通辨》，頁146。

〔註31〕見錢穆，《莊子纂箋》，頁61。

〔註32〕見錢穆，《莊老通辨》，頁120。

隨物之自然，方是莊子之意。

　　由上所詮釋闡發，約略可知《纂箋》內篇篇目所引的注文，環環相扣、層層闡發，將內篇的義理，作一有條理的疏通，不難看出錢先生注內篇所謂「法度甚嚴」之意。而內篇之自成系統，釋德清更闡明其中原委，而說：

　　　　且內七篇，乃相因之次第。其逍遙遊，乃明全體之聖人，所謂大而化之之謂聖，乃一書之宗本，立言之主意也。次齊物論，蓋言舉世古今之人，未明大道之原，各以己見爲是，故互相是非，首以儒墨相排，皆未悟大道，特以所師一偏之曲學以爲必是，固執而不化，皆迷其眞宰，而妄執我見爲是，故古今舉世未有大覺之人，卒莫能正之，此悲世之迷而不解，皆執我見之過也。次養生主，謂世人迷卻眞宰，妄執血肉之軀爲我，人人只知爲一己之謀，所求功名利祿以養其形，戕賊其眞宰而不悟，此舉世古今之迷，皆不知所養耳，若能養其生之主，則超然脫其物欲之害，乃可不虛生矣！果能知養生之主，則天眞可復，道體可全，此得聖人之體也。次人間世，乃涉世之學問，謂世事不可以有心要爲，不是輕易可涉，若有心要名干譽，恃才妄作，未有不傷生戕性者，若顏子、葉公，皆不安命，不自知而強行者也，必若聖人忘己虛心以遊世，迫不得已而應，乃免患耳！其涉世之難，委曲畢見，能涉世無患，乃聖人之大用也。次德充符，以明聖人忘形釋智，體用兩全，無心於世而與道遊，乃德充之符也。其大宗師，總上六義，道全德備，渾然大化，忘己忘功忘名，其所以稱至人神人聖人者，必若此乃可爲萬世之所宗而師之者，故稱之曰大宗師，是爲全體之大聖，意謂內聖之學，必至此爲極則，所謂得其體也。若迫不得已而應世，則可爲聖帝明王矣！故次以應帝王，以終內篇之意，至若外篇，皆蔓衍發揮內篇之意耳。〔註33〕

上引長文所論，雖某些觀點與《纂箋》所論稍異，如〈齊物論〉在釋氏的注解，是以佛說解莊，而《纂箋》則是採以道解莊，但大體而論，釋氏認爲內篇之行文章法，有一次序之結構存在，而且首尾相應、前後連貫，爲莊周之思想重心所在，則是與《纂箋》的見解若合符節。也因是之故，《纂箋》甚而還在〈應帝王〉的篇末「南海之帝」一段下引注說：

　　　　嚴復曰，內七篇秩序井然，不可紊亂。學道者以拘虛囿時束教爲屬禁。故開宗明義，首戒學者必遊心於至大之域。逍遙遊云者，猶佛言無

〔註33〕見〔明〕釋德清，《莊子內篇注》（臺北：廣文書局，1973年），卷4，頁1～5。

所住也。必得此而後聞道之基以立。次則當知物論之本齊,美惡是非之
無定。曰寓庸,曰以明,曰因是,曰寓諸無竟,曰物化,喻人可謂至矣。
再進則語學者以治道之要,曰養生主。養生主者,非養生也。其主旨曰
依乎天理。是故有變境而無生滅,薪盡火傳,不知其盡。然而人間不可
棄,有無所逃於天地之間者,又不可不講,故命曰人間世。一命一義,
而寓諸不得已,故莊非出世之學。由是群己之道交得,則有德充之符。
處則爲大宗師,周易見龍之在田也。達則爲應帝王,九五飛龍之在天也。
而道之能事畢矣。〔註34〕

可見,《纂箋》注解內篇的態度,實秉承著其一貫相連的原則,來予以視之,由此更
可得見「法度甚嚴」之論,並非憑空而來,而是有其內部的義理存在。

第二節　試探《莊子纂箋》注解外、雜篇篇目之看法

至於外雜篇,《纂箋》仍是秉著「二十六篇,解剝斯文耳」的觀點,而在外篇注
曰:

王夫之曰:外篇非莊子之書,蓋爲莊子之學者,欲引伸之,而見之勿
逮,求肖而不能也。又曰:外篇但爲老子作訓詁,其可與內篇相發明者,
十之二三。乃學莊者雜輯以成書。其間若駢拇、馬蹄、胠篋、天道、繕性、
至樂諸篇,尤爲惛劣。〔註35〕

上述《纂箋》所引的文字,皆是馬通伯《莊子故》裡所未提及的,此間可見錢穆先
生對外篇的認知,是有其獨特的解讀。此種獨特的解讀,吾人如要試著去挖掘,關
鍵在於一個問題的提問,即《纂箋》裡爲何要徵引王夫之的注解來看待外雜篇呢?
其實,錢先生所引的王氏注,只取部分意見,雖能從微言大義中看出外篇係非出於
莊周之作,但並未闡明原委,筆者今將王氏的說法,再補充節錄於下,以見王氏對
外篇理解的原始要終,王夫之曰:

內篇雖參差旁引,而意皆連屬;外篇則踳駁而不續。內篇雖洋溢無方,
而指歸則約;外篇則言窮意盡,徒爲繁說而神理不摯。內篇雖極意形容,
而自說自掃,無所粘滯;外篇則固執粗說,能死而不能活。內篇雖輕堯舜,
抑孔子,而格外相求,不黨邪以醜正;外篇則恣戾詛誹,徒爲輕薄以快其
喙鳴。內篇雖與老子相近,而別爲一宗,以脫卸其矯激權詐之失;外篇則

〔註34〕見錢穆,《莊子纂箋》,頁66。
〔註35〕見錢穆,《莊子纂箋》,頁67。

但為老子作訓詁，而不能探化理於玄微。〔註36〕

上引王氏注文裡，他更從內、外篇的篇章結構、內容要義與老莊關係等方面，辨析內、外篇的差別，以明兩部分的文獻，並非出於相同體系思維的產物。從篇章結構來說，內篇「意皆連屬」、「指歸則約」，構成一種自成系統且言簡意賅的風格，而外篇卻「踳駁不續」、「繁說不摯」，篇章結構鬆散無方，與內篇的風格極不相稱；又以內容要義而論，內篇「無所粘滯」、「不黨邪以醜正」，其論述的態度，是極為中立而不偏不頗的自呈己見，而外篇則是「固執粗說」、「輕薄以快喙鳴」，其思想之拘泥固著，實與內篇精神迥異；再由內、外篇與老莊的關係來看，內篇雖近老子學說，但別闢蹊徑、自成一說，外篇卻僅淪為替老子書作解釋，而不能深探玄理。綜上所論，王氏遂認為外篇的文獻，「蓋非出一人之手，乃學莊者雜輯以成書」。〔註37〕然而，在《纂箋》的注解裡，是否將外篇全皆看成是闡發老子之意呢？其實也並不然，如〈秋水〉篇目下引王氏注曰：

王夫之曰，此篇因逍遙遊、齊物論而衍之。〔註38〕

又〈達生〉篇目下也引注說：

歸有光曰，與養生主篇相發。王夫之曰，此篇於諸外篇中，尤為深至。雖雜引博喻，而語脈自相貫通。且其文詞沈邃，足達微言。雖或不出於莊子之手，要得莊子之真者所述也。〔註39〕

接著，〈田子方〉的篇目引注亦云：

陸長庚曰，與內篇大宗師參看。姚鼐曰，與德充符同旨。〔註40〕

再看，〈知北遊〉的篇目引注也說：

王夫之曰，此篇衍自然之旨。其說亦自大宗師來。姚鼐曰，與大宗師同旨。〔註41〕

由上所引的幾篇篇目注解可知，外篇雖說並非莊周本人所作，但亦不能將之玉石俱焚、盡皆揚棄，其中也有能發揮莊生之旨的部分。即因於此，所以《纂箋》才說：「與內篇相發明者，十之二三」。

至於雜篇，《纂箋》亦引王夫之的注解，曰：

雜者，博引而泛記之謂。故自庚桑楚、寓言、天下而外，每段自為一

〔註36〕見〔清〕王夫之，《莊子通‧莊子解》（臺北：里仁書局，1984年），卷8，頁76。
〔註37〕見〔清〕王夫之，《莊子通‧莊子解》，卷8，頁76。
〔註38〕見錢穆，《莊子纂箋》，頁128。
〔註39〕見錢穆，《莊子纂箋》，頁144。
〔註40〕見錢穆，《莊子纂箋》，頁163。
〔註41〕見錢穆，《莊子纂箋》，頁172。

義，而不相屬。非若內篇之首尾一致。外篇文義雖相屬，而多浮曼卑隘之
說。雜篇語雖不純，而微至之語，較能發內篇未發之旨。學者取其精蘊，
誠內篇之歸趣也。〔註42〕

上引注解，與《莊子故》頗有近似，馬其昶注雜篇，亦引王夫之的解釋，曰：

雜篇多微至之語，學者取其精蘊，誠內篇之歸趣也。〔註43〕

據上所論，錢先生承接著王、馬的看法，認為雜篇的思想若與外篇相比，則是較貼
近於莊周的，故而他才說：「竊意雜篇義多近莊，外篇義多近老。」〔註44〕然而，
此間亦有一問題存在，即在錢先生的觀念裡，雜篇究竟是否為莊周所作呢？吾人可
在《纂箋》雜篇引王氏注下，得知錢先生的見解，他說：「釋文敘錄，向秀注有內外
篇，無雜篇。」〔註45〕其間隱約可見，錢先生雖然認為雜篇較能發揮莊周的微言大
義，但並不將雜篇視為是莊周所寫，雜篇的文獻，亦僅是闡述莊意而已。此種詮釋，
亦可在錢先生所說的一段看出端倪，他說：

有一義猶當略說者，即當時各家學說思想流布之情況，其事蓋有遠出
於後代人之所想像，而驟難明指確說者。即如老子書，論其成書時代，既
當在莊周後，荀況前，然莊周之與荀況，雖其先後輩行顯然可序，然亦固
可謂之為並世，蓋其年世相隔，殊不甚遠。然則莊子成書，必當即刻流布，
老子書之作者，殆已見莊子之內篇，而老子成書，亦必即刻流布，而已為
荀子所見。故荀子之批評莊老，精審不苟。而荀子弟子韓非亦已見及老子
書，其同時呂不韋賓客著書，亦均見及老子書，而莊子外雜篇作者，殆亦
必見及老子書無疑。〔註46〕

上段引文，雖論述各家學說的流布，但其中可探尋出莊老文獻的出現年代之先後順
序，此一順序，即等同於錢先生在他所撰〈莊子外雜篇中精字神字及精神字連用義〉
一文中的結論，文中他分析了外、雜篇中的「精字」、「神字」與「精神字連用」的
意義，最後說：「莊子內篇成書最在前，老子較晚出，而莊子外雜篇更晚出」，〔註47〕
由此更可證得，錢先生仍將雜篇視為是莊子的後學所作，而非是莊子本人手筆。

緊接著，承續上述雜篇近於莊意的討論，吾人可再進一步探究，也就是錢先生
所謂「雜篇義多近莊」，是指雜篇全部呢？抑或僅就部分而言？其實，《纂箋》對雜

〔註42〕見錢穆，《莊子纂箋》，頁183。
〔註43〕見〔清〕馬其昶，《莊子故》，卷6，頁295。
〔註44〕見錢穆，《莊老通辨》（臺北：東大圖書，1991年），頁285。
〔註45〕見錢穆，《莊子纂箋》，頁183。
〔註46〕見錢穆，《莊老通辨》，頁188～189。
〔註47〕見錢穆，《莊老通辨》，頁229。

篇篇目的注解，間接透露出了雜篇之文獻，並非全部都能近於莊意，試看〈讓王〉
所引注曰：

> 蘇軾曰，盜跖、漁父、讓王、說劍，皆淺陋不入於道。陸長庚曰，既
> 言不以天下之故而傷其生，何故卻將赴淵枯槁之士續記其後。馬其昶曰，
> 此篇雜見列子呂覽淮南及韓詩外傳新序各書。〔註48〕

又〈盜跖〉引注言：

> 王安石曰，莊子重言十九，以爲者艾人而無人道者，不以先人。若盜
> 跖，可謂無人道者。而以之爲重言，其不然明矣。故此篇之贋，不攻自破。
> 馬其昶曰，太史公稱其作漁父、盜跖、胠篋，以詆訾孔子之徒，以明老子
> 之術。今盜跖篇未睹所謂老子之術，非史公所見之舊。〔註49〕

又〈說劍〉引注說：

> 呂惠卿曰，莊子之制行，願曳尾於塗中，而不爲大廟犧牲，以悟危
> 身殉物之俗，則說劍實則說劍實所未聞。馬驌曰，語近國策，非莊生本
> 書。〔註50〕

再看〈漁父〉的引注曰：

> 朱子曰，蘇子自古史中，論此數篇，決非莊子書，乃後人截斷本文攙
> 入，此其考據甚精密。〔註51〕

以上四篇，蘇軾在其〈莊子祠堂記〉裡，早有提出懷疑，認爲篇中所言，並非出於
莊子之意，而是「莊子之言未終，而昧者勦之以入其言」。〔註52〕又上述《纂箋》
所引的四篇注文，明顯闡述蘇軾的這一看法，尤其是〈盜跖〉一篇，誠如王安石所
論，若將盜跖此等人的言語，看成是莊子所引重言的話，那麼此篇之僞，當顯而易
見。馬其昶也指出，太史公認爲〈盜跖〉之作，意在「詆訾孔子之徒，以明老子之
術」，但篇中卻未見任何老子之術，此種說法，豈不與事實有所出入嗎？有基於此，
錢先生《纂箋》所闡釋之論，當不視此四篇爲「近莊之意」。至於雜篇的〈庚桑楚〉、
〈徐無鬼〉，《纂箋》也分別引注曰：

> 朱子曰，庚桑楚篇全是禪。〔註53〕〈庚桑楚〉

〔註48〕見錢穆，《莊子纂箋》，頁233。
〔註49〕見錢穆，《莊子纂箋》，頁243。
〔註50〕見錢穆，《莊子纂箋》，頁253。
〔註51〕見錢穆，《莊子纂箋》，頁256。
〔註52〕見〔宋〕蘇軾撰、〔明〕茅維編、孔凡禮點校，《蘇軾文集·莊子祠堂記》（北京：
　　　　中華書局，1999年），卷11，頁348。
〔註53〕見錢穆，《莊子纂箋》，頁183。

王夫之曰，此衍老氏上德不德之旨。〔註54〕〈徐無鬼〉

佛禪與道家之別，《纂箋》在齊物論引劉咸炘的話區分曰：

> 雙遺兩忘，乃佛家所主。佛家主空，一切俱不要。道家主大，一切俱
> 要。根本大異，豈可強同。〔註55〕

可見佛、道兩家的思想雖近，但並不可同等視之。故錢先生解〈庚桑楚〉一篇為禪，明顯看出此篇與莊意有別。又〈徐無鬼〉一篇，引王氏所論，指其是發揮老子「上德不德之旨」，因此，也可端詳出錢先生之意，係指〈徐無鬼〉亦非是純粹的契合莊意。然而，錢先生所謂的「雜篇義多近莊」，究竟是指哪幾篇呢？且看《纂箋》所引〈則陽〉一段話的注解，曰：

> 王夫之曰，雜篇惟庚桑楚、徐無鬼、寓言、天下四篇，為條貫之言。
> 則陽、外物、列禦寇三篇，皆雜引博喻。理則可通，而文義不相屬。〔註56〕

據上所引，吾人可見有四篇是「條貫之言」、三篇「理則可通」，而「條貫之言」，並非可與「理」相通，故而〈庚桑楚〉、〈徐無鬼〉兩篇，則可減除於外，其餘五篇，雖本身的文義不相連屬，卻「理則可通」。在此，所謂的「理」係為何指呢？其實，王夫之注〈則陽〉，除了《纂箋》所引文字外，尚有餘論，他說：

> 要其於內篇之指，皆有所合，非〈駢拇〉諸篇之比也。〔註57〕

看了上段話語後，吾人就可恍然大悟、豁然開朗，原來《纂箋》所稱的所通之「理」，就是與內篇「義多近莊」之作，〈外物〉篇錢先生雖沒有作注，然在〈寓言〉下引注曰：

> 王夫之曰，發明其終日言而未嘗言之旨，使人不泥其跡，此與天下篇
> 乃全書之序例，詳說乃反約也。〔註58〕

可知《纂箋》以此篇為闡發莊周「終日言而未嘗言之旨」，並認為與〈天下〉篇同為全書的序目。又在〈列禦寇〉一篇下引注曰：

> 蘇軾曰，寓言之言終日，陽子居西遊於秦，遇老子云云，若去其讓王
> 四篇，以合於列禦寇篇首，固是一章也。莊子之言未終，昧者剿之以入其
> 言。焦竑曰：列子第二篇首載禦寇饋漿事，而即綴以楊朱爭席，正與軾之
> 言合。〔註59〕

〔註54〕見錢穆，《莊子纂箋》，頁195。
〔註55〕見錢穆，《莊子纂箋》，頁8。
〔註56〕見錢穆，《莊子纂箋》，頁210。
〔註57〕見〔清〕王夫之，《莊子通‧莊子解》，卷25，頁226。
〔註58〕見錢穆，《莊子纂箋》，頁228。
〔註59〕見錢穆，《莊子纂箋》，頁261。

由《纂箋》所引蘇軾注文，得知錢先生亦以本篇為近於莊意之一章，而此篇到底何處近於莊意呢？其實，胡遠濬更在此篇下說：「此與養生主篇相發。」〔註60〕此說雖不見於《纂箋》，亦約略可見錢先生對本篇的見解，有深受其影響之跡。再看《纂箋》對〈天下〉篇所引的注腳，曰：

> 陸長庚曰：天下篇，莊子後序也。列敘古今道術淵源所自，而以己承
> 之，即孟子終篇之意。馬驌曰：此自序也。諸篇多寓言，而此獨為莊語。
> 姚鼐曰：是篇乃莊子後序。〔註61〕

由上引注文可見，此篇錢先生亦當視為「雜篇義多近莊」的闡述莊意之一重要篇章。

總結上論，可知錢穆先生認為，就外篇而言，雖「義多近老」，但仍有〈秋水〉、〈達生〉、〈田子方〉、〈知北遊〉等篇，則可與內篇旨意相發明；雜篇雖「義多近莊」，但也有〈庚桑楚〉、〈徐無鬼〉、〈盜跖〉、〈漁父〉、〈讓王〉、〈說劍〉等幾篇，不類莊意之言。是以他將外、雜篇的作者，看成是莊子後學所作，其創作年代更晚於老子的成書，所以並不能當成是純粹的莊周思想，故而他在闡述莊子思想時，才僅引述內篇文獻，而將外雜篇分別論述。錢先生之所以要區分莊老文獻的先後，並將外雜篇合於莊意者指陳而出，係因其中實多發揮老子之說，甚而有會通儒家之義者，〔註62〕能加以明辨，方可謂深得道家宗趣，故而他在《莊老通辨》說：

> 故治莊老之學者，先貴能分別莊老，又貴能分別莊子外雜篇而一一分
> 別之，一一識其深淺高下，以及其是非得失之所在，而後始能會通以觀，
> 以求所謂道家之宗趣，以與儒家之說相參究。〔註63〕

準此而論，錢先生在《莊老通辨》裡對莊周思想的理解，其實也可在《纂箋》中見其端倪，即為何他視內篇為莊子之論，而將外雜篇看成是晚於老子之作，甚而可說他之所以能夠深層地建構了對莊子學的整體思維模式，都是以《纂箋》為底本、雛形，而加以發揮所致。

第三節　略析《莊子纂箋》之著書特點與問題商榷

在論述了《纂箋》對內、外雜篇篇目的見解後，本節更從書中的內容加以分析，以進一步瞭解書中所具之特點與有待商榷之處。在分析書中特點時，筆者則將《纂

〔註60〕見胡遠濬，《莊子詮詁》（臺北：商務印書館，1980年），頁266。
〔註61〕見錢穆，《莊子纂箋》，頁269。
〔註62〕在錢穆，《莊老通辨》裡〈莊子外雜篇言性義〉一文指出，莊子外雜篇有「會通之於儒義而言者」，「有演繹發揮老子之說而立論者」，頁293。
〔註63〕見錢穆，《莊老通辨》，頁292。

箋》一書逐句點閱，尋出錢先生的著書特色，再予以分類歸納出下列幾項特點；而《纂箋》中的有待商榷之處，筆者則提出幾點討論，讓治莊者能對這幾處地方加以留心。

（一）書中特點析論

《莊子纂箋》一書，內容旁徵博引、考據甚詳，實是研讀《莊子》的最佳入門磚，今將書中的特點，加以分類列舉於下，期能讓吾人對本書有更深一層的瞭解與認識。另外，文中如有與《莊老通辨》相關連的部分，筆者亦一併加以討論，以看出《纂箋》之撰成，實能啓迪錢先生重建莊老思想之系統。關於書中之特點，吾人大致可區分爲字句釋義與義理闡微兩大類：

1. 字句釋義

《纂箋》所徵引的注家眾多，對原文的解釋字斟句酌，疏通了句中的許多疑義，茲將《纂箋》在這方面的貢獻，分點述於其下：

（1）文句疑誤，加以釐定

《纂箋》對《莊子》書中有疑問的互錯語句，雖不再原文上作更易，但卻引注加以辨析、釐定，讓《莊子》更具可讀性。如在〈大宗師〉篇裡「回忘禮樂矣」一句下說：「胡遠濬曰，禮樂，就吾體言，此謂忘我。」又說：「王叔岷曰，淮南道應，仁義與禮樂互錯，當從之。」此注可說深得道家之意，何以如此說呢？試看劉文典注此句說：「禮樂有形，固當先忘，仁義無形，次之，坐忘最上，今仁義禮樂互倒，非道家之指矣。」〔註64〕由此解更清楚得知，坐忘的層次，當先忘卻有形的束縛，次而再遺忘無形的教條，「禮樂」即屬有形的制式規範，故當先忘之，再來才是「仁義」的思想箝制，能忘至「仁義」的境界，才能算是道家的最高境界。故此，《纂箋》在引注中才以引王氏之注作結，讓讀者能明辨《莊子》文中的疑誤之處，而加以關注留心。

在〈人間世〉「回曰，敢問心齋。仲尼曰，若一志」下，《纂箋》引注曰：「劉文典曰，若一二字疑誤倒。王叔岷曰，一下疑脫汝字。」〔註65〕此句王叔岷解釋說：「正文一下疑脫汝字，〈知北遊〉篇：『若正汝形，一汝視。』與此文例同。《成疏》：『志一汝心，』文不成義，蓋『一汝志心』之錯誤。所據正文，一下蓋本有汝字。」

〔註64〕見劉文典，《莊子補正》（雲南：人民出版社，1980年），頁260。
〔註65〕見錢穆，《莊子纂箋》，頁30。

〔註66〕從兩家注解可見，錢先生係採用了王氏的說法，認爲正文的「若一志」原本實應當作「一若汝志」，方能通順文意。

又在同篇「凡事亦然。始乎諒，常卒乎鄙。」一句下《纂箋》引注說：「俞樾曰，諒與鄙文不相對，諒蓋諸之誤。諸讀爲都。淮南銓言訓，故始於都者，常大於鄙，即本莊子。大乃卒自之誤。」〔註67〕此句可見《淮南鴻烈集解・詮言》的「故始於都者常大於鄙，始於樂者常大於悲，其作始簡者，其終本必調。」一句下，王念孫注曰：「此文當作『故始於都者常卒於鄙，始於樂者，常卒於悲，其作始簡者，其終本必調。』莊子人間世篇：『且以巧鬥力者，始乎陽，常卒乎陰，以禮飲酒者，始乎治，常卒乎亂。凡事亦然。始乎諒，常卒乎鄙。其作始也簡，其將畢也必巨。』即淮南所本也。」〔註68〕又馬其昶《莊子故》亦說：「諒，明也；鄙，固陋也；淮南，始乎都者，常大於鄙，都鄙猶好醜也。」〔註69〕可見錢先生之論，乃承續著馬氏之注解而來，值得注意的，是《纂箋》並未採「諒，明也」這一注解，故隱約可知錢先生乃認爲「諒」實應爲「都」之誤，而解「都、鄙」二字爲「好、醜」之意。

再看〈天地〉篇「拔舉而不失其能。畢見其情事，而行其所爲行。言自爲而天下化。」句下《纂箋》注曰：「當以行其所爲行爲句，言無所掩飾也。郭注，言自爲而天下化，使物爲之則不化也。今言自爲而天下化七字，誤入正文，而並失其句矣。」〔註70〕此注錢先生認爲「言自爲而天下化」一句，從上下文來看，與〈天地〉篇的文意，有重複其詞之嫌，但與郭象的注文連看，卻意義通暢、相爲連貫，由此可見，此句係因注文誤入正文之故而衍生，非〈天地〉篇之正文。

（2）難辨字詞，兼採異說

《纂箋》對於諸家注釋，有異說而比較難於下判斷的，便將這些異說並列，讓吾人能多方參考。如在〈逍遙遊〉的「齊諧者，志怪者也。」一句，對「齊諧」一辭的解釋，引注說：「簡文曰，齊諧，書也。羅勉道曰，齊諧者，齊人諧謔之言。孟子曰，齊東野人之語，則齊俗宜有此。」〔註71〕注解裡一說是書名，一說是人名，《纂箋》則將二說並列，讓吾人有思考抉擇的空間。

又如同篇「鯤」字的解釋，《纂箋》引注說：「李頤曰，鯤，大魚名。崔譔曰，

〔註66〕見王叔岷，《莊子校詮》（臺北：中研院歷史語言所，1988年），頁131。
〔註67〕見錢穆，《莊子纂箋》，頁33。
〔註68〕劉文典，《淮南鴻烈集解》（臺北：文史哲出版社，1992年），頁484。
〔註69〕見馬其昶，《莊子故》，卷2，頁63。
〔註70〕見錢穆，《莊子纂箋》，頁98。
〔註71〕見錢穆，《莊子纂箋》，頁1。

鯤當爲鯨。王念孫曰，見聲字多有大義，故大魚謂之鯤，大雞謂之鶤。音昆。羅勉道曰，爾雅，鯤，魚子。國語，魚禁鯤鮞。」歷來對此字之解釋分爲兩派，一說是大魚，一說是小魚，作者則羅列四家異說，最後雖下己意而曰：「羅說亦有據，然當以李崔爲是。」末了又引楊愼所說的話道：「莊子乃以至小爲至大，便是滑稽之開端。」〔註72〕保留了羅氏所說「爾雅，鯤，魚子。」的這一說法。〔註73〕

再看〈齊物論〉的「俄然覺，則蘧蘧然周也。」《纂箋》其下引注載：「李頤曰，蘧蘧，有形貌。王闓運曰，蘧蘧，重貌。嚴復曰，大宗師蘧然覺，則蘧然自是覺貌。」〔註74〕文中對於「蘧蘧」一詞，引了三家的解釋，讓吾人能相互參照，以避免囿於管窺蠡測之見。

又在〈大宗師〉的「無不毀也，無不成也。其名爲攖寧。」《纂箋》引注解釋說：「崔譔曰，攖，有所繫著也。陸長庚曰，攖，拂亂也。攖寧，言世梦擾擾之中而成大定。此即不壞世相，而成實相。如來所云上乘義諦也。楊文會曰，攖者，煩擾也。寧者，沈靜也。兩門相反，適以相成。所謂八萬塵勞，即解脫相也。曹受坤曰，在宥攖人心，司馬注，攖，引也。孟子物交物，則引之而已。此文攖寧，即謂外物雖來牽引，而依然不失其大寧也。」〔註75〕有關「攖寧」一詞，即指一種達到了不將不迎、不成不毀的境界，書中引了崔譔、楊文會、曹受坤的說法，將此種境界用不同的角度加以闡釋，實能啓發吾人不同的思考路線。

又見〈大宗師〉的「齏萬物而不爲義」一句，《纂箋》引注說：「司馬彪，齏，碎也。羅勉道曰，齏，釀也。陶光曰，齏讀爲濟。齏或體作齎，與濟皆從齊聲。爾雅，濟，成也。」〔註76〕文中闡釋「齏」字，並舉了「碎」、「釀」及「成」三種意義，其中「碎」與「釀」、「成」的釋義恰巧相反，錢先生亦將三者並列，讓吾人能有所比較，而自行取抉其義。諸如此類，都甚能引發讀者的興致。

（3）徵引注解，己意定之

在《纂箋》書裡，錢先生除了引用注家解釋字詞，仍會再加上自己的意見來論斷，讓文意更爲清楚明白。如在〈逍遙遊〉篇中「水擊三千里，扶搖而上九萬里」一句下，除了引述崔譔注：「將飛舉翼，擊水蹹跟」外，錢先生補上解釋說：「水擊，平飛而前。」更明確的指出「水擊」是代表「平飛而行」的動作，此注當比崔注所

〔註72〕見錢穆，《莊子纂箋》，頁1。
〔註73〕以上兩段所述，參見陳重文，《莊子之學和錢穆的莊子纂箋》，頁34。
〔註74〕見錢穆，《莊子纂箋》，頁23。
〔註75〕見錢穆，《莊子纂箋》，頁53。
〔註76〕見錢穆，《莊子纂箋》，頁59。

解的語意更為精確，因為大鵬之所以會擊水，當是高舉雙翼而做出平飛的動作，而不是踉蹌的舞動翅膀擊水。

又在〈齊物論〉篇的「其厭也如緘，以言其老洫也」一句下，舉了章炳麟的注曰：「洫讀衁，靜也。」錢先生也補解釋說：「洫，只是枯竭義。」〔註77〕此解亦甚為恰當，因連著本段的上下文來看，文中所指「與接為構，日以心鬥」的這些人，到最後的結果是「其厭也如緘」，當然愈老心智也就愈顯得閉塞枯朽了，此解當比章太炎注此句曰：「此謂定心靜慮，如老者形志衰而嗜欲息」〔註78〕的說法，更為貼近莊意。

又如〈達生〉篇中「游乎萬物之所終始」一句，《纂箋》在這句下引注說：「郭象曰，終始者，物之極。」郭注此意雖精要，但不免有過於簡略之嫌，而錢先生似亦有察覺，故又補注曰：「萬物之所終始，即日新之化也。」〔註79〕如此說明，當更為具體完整，讓吾人讀之一目了然。

再看〈庚桑楚〉的「形之與形亦辟矣」一句《纂箋》引注曰：「陸德明曰，辟，開也。崔譔曰，辟，相著也。嚴復曰，辟假為襞。段鐵者既舒乃復疊之，而加錘焉，故曰千辟萬灌。郭嵩燾曰，禮記大學注，辟，猶喻也。言形之與形易喻也。金其原曰：荀子事其便辟，注讀為嬖。爾雅，嬖，親也。」關於「辟」字，作者蒐羅了五家的注解，最後則下結論曰：「嚴申崔義，當從。金說亦近是。」指出了「辟」字之解釋，當從崔譔所解的「相著也」。此句馬敍倫亦曰：「形之與形甚親，而物或間之，欲相求而不能相得，文義明白。」〔註80〕故此可知，錢先生此解，實甚為恰當。

2. 義理闡微

《纂箋》注莊的另一特色，即是在注解中抒發己見，此見或會通莊老，或論釋章句，或闡發莊意，都有其獨到之處，今亦將其要點分述於下：

（1）引老解說，互闡義理

《纂箋》裡還有一個特點，就是也採用了《老子》的語句注解，與《莊子》的義理相互闡發、互為貫通。如在〈養生主〉中「古者謂是帝之縣解」一句，其下錢先生注解說：「老子曰，吾所以有大患者，為吾有身。及吾無身，吾有何患。即縣解也。」〔註81〕指出吾之生，即是一種倒懸之狀態，及至吾死，方能解除了這種束縛，

〔註77〕見錢穆，《莊子纂箋‧齊物論》，頁10。
〔註78〕見章太炎，《章氏叢書（上冊）‧齊物論釋》（臺北：世界書局，1982年），頁350。
〔註79〕見錢穆，《莊子纂箋‧齊物論》，頁145。
〔註80〕見馬敍倫，《莊子義證》（臺北：成文出版社，1976年），頁624。
〔註81〕見錢穆，《莊子纂箋》，頁26。

此解說出道家對生死的看法。

又在〈大宗師〉的「夫道，有情有信」一句，其下《纂箋》注解說：「老子云，恍兮惚兮，其中有物。杳兮冥兮，其中有精。其精甚眞，其中有信，本此。」〔註82〕錢先生除了注解此句與老子之意相通外，更將「夫道，有情有信，無爲無形；可傳而不可受，可得而不可見。自本自根，未有天地，自古以固存；神鬼神帝，生天生地」數句，在《莊老通辨》加以詳細解釋，觀之更能了解莊老可以相互闡釋之意，其言云：

> 此亦謂道先天地生。然莊子內篇七篇言道先天地，亦惟此一節耳，而此節乃頗有晚出僞羼之嫌。其他言道，如「道不欲雜」，「惟道集虛」，「魚相造乎水，人相造乎道」，凡諸道字，皆與論語素樸之義爲近，與老子深玄之旨爲遠。則莊周言道，實爲孔老中間之過渡。縱謂上引一節道生天地之說，亦出於莊子親筆，此亦僅可謂莊子雖有此意，而持之未堅，廓之未暢。在莊子思想中，猶未成爲一確定之觀念。必至老子書，乃始就此義，發揮光大，卓然成一系統。〔註83〕

由上可見，錢先生認爲此節與老子論道相扣合，在莊子內篇裡，乃是一特例的現象，故而可能「有晚出僞羼之嫌」。但如果此節亦眞爲莊子所筆，亦不足爲怪，因莊子對「道」雖有深玄的認知，卻也只是一種提點引發的作用，並未對「道」更加詳論，仍必須要到老子書時，才眞正建立了對「道」既難言喩，又具精妙的系統論述。反倒是〈在宥〉篇「廣成子蹶然而起，曰：「善哉問乎！來！吾語女至道。至道之精，窈窈冥冥」的一段話，錢先生注曰：「窈兮冥兮，其中有精。」〔註84〕又在〈天地〉篇「故深之又深，而能物焉。神之又神，而能精焉」一語，錢先生亦云：「老子曰，恍兮惚兮，其中有物。窈兮冥兮，其中有精。」〔註85〕從注解裡，錢先生透露出了一個訊息，即外篇所言「道」的意義，相較於內篇，則顯得更爲深邃幽遠，與老子所論「道」的概念相類似，是以他才每每引《老子》對「道」的闡釋，來呼應外篇論「道」的意義。

再看，《纂箋》在〈馬蹄〉篇目引注解曰：「王夫之曰，引老子無爲自正之說而長言之。蘇輿曰，老子云，無爲自化，清靜自正。通篇皆申此旨。而終使以馬作喻，

〔註82〕見錢穆，《莊子纂箋》，頁51。
〔註83〕見錢穆，《莊老通辨》，頁23。
〔註84〕見錢穆，《莊老通辨》，頁83。
〔註85〕見錢穆，《莊老通辨》，頁91。

亦莊子內篇所未有也。」〔註86〕文中認為〈馬蹄〉通篇衍述老子「無為」之旨。又〈馬蹄〉篇「同乎無欲，是謂素樸。」一句，注解「同乎無欲」說：「老子曰，常使民無知無欲。」〔註87〕闡明了本篇所謂的「無欲」，即與老子主張讓人民無有知欲之意相通，在《老子・十九章》云：「見素抱樸，少私寡欲。」〔註88〕此句與〈馬蹄〉所言之意更為貼近，故而錢先生才又云：「素樸之語顯襲自老子。」〔註89〕

（２）以意注莊，觸發深論

　　《纂箋》裡雖引多家的注解釋莊，但遇有錢先生的獨見之處，則不徵引注家，而直抒其自己的獨特論點。這些論點，一方面有疏通《莊子》文意的效果；另一方面，也觸發了他對莊子思想的進一步闡論。如在〈德充符〉文中「適見𧱁子食於其死母者，少焉眴若皆棄之而走。不見己焉爾，不得類焉爾」一段，作者注解「不見己焉爾，不得類焉爾」一句，曰：「死者與己不類，則驚為異物。」〔註90〕原本馬其昶在本句下解釋為「不見己，無知覺也；不得類，不似昔也。」〔註91〕惟此解釋，似有須再補充說明，是以錢先生不直接徵引馬氏之說，而直接發揮己意，認為𧱁子之所以會棄走，是見「死者與己不類，則驚為異物」。此解說明了馬氏所言「不見己，無知覺也」的省略之處，即為何會「無知覺」呢？係因「死者與己不類」，所以𧱁子才會感到驚訝而將其母視為異物，而「棄之而走」。

　　又於〈在宥〉篇下「我守其一，以處其和。故我修身千二百歲矣，吾形未嘗衰」句下，錢先生注云：「此晚世神仙家言，莊子初未有之。」〔註92〕從此注解，吾人可獲知，即此句所言，蓋非莊子本意，係後世崇尚神仙學說者加以渲染。錢先生在《莊老通辨》曾又闡釋說：

　　　　凡《莊子》書言長生，皆晚起，非誠莊生言。「黃帝問廣成子，治身
　　　奈何而可以長久？廣成子蹷然而起。曰：善哉，問乎。至道之精，窈窈冥
　　　冥。至道之極，昏昏默默。無視無聽，抱神以靜。形將自正。必靜必清，
　　　無勞汝形，無搖汝精，乃可以長生。目無所見，耳無所聞，心無所知，汝
　　　神將守形，形乃長生。慎汝內，閉汝外，多知為敗。天地有官，陰陽有藏。

〔註86〕見錢穆，《莊子纂箋》，頁71。
〔註87〕見錢穆，《莊子纂箋》，頁72。
〔註88〕見王弼注，《老子道德經》（臺北：中華書局據華亭張氏本校刊，1981年），收入《四部備要》，上篇，頁10，下。
〔註89〕見錢穆，《莊子纂箋》，頁294。
〔註90〕見錢穆，《莊子纂箋》，頁43。
〔註91〕見馬其昶，《莊子故・德充符》，卷二，頁80。
〔註92〕見錢穆，《莊子纂箋》，頁83。

慎守汝身，物將自壯。我守其一，以處其和。故我修身千二百歲矣，吾形未常衰。」〈在宥〉此始爲長生之說，本於清靜無知，閉絕視聽，此一術也。〔註93〕

準此而論，在外、雜篇所言的長生之說，「與莊子一死生之旨，盡天年之數，故已乖矣。故知皆非莊子之言也。」〔註94〕

再看〈則陽〉篇裡「人之安之亦無已，性也」一句，《纂箋》解釋說：「中庸曰，至誠不息。至誠，即性也。不息，即無已也。」〔註95〕而錢先生爲何要以中庸解莊呢？試看解〈則陽〉這一段曰：

> 則陽又曰：「生而美者，人與之鑑，不告，則不知其美於人也。若知之，若不知之，若聞之，若不聞之，其可喜也終無已。人之好之亦無已，性也。聖人之愛人也，人與之名，不告，則不知其愛也。若知之，若不知之，若聞之，若不聞之，其愛人也終無已。人之安之亦無已，性也。」然則發於性者，可以不知其然而然。此謂自然。自然有此美德，此種美德，乃可久而無已。此即孟子行仁義與由仁義行之辨也。故聖人之仁，聖人之愛人，乃本出於聖人之性，於是人之受其愛者亦安之。此證仁者愛人，乃人類天性自然之美德也。中庸言性，特舉誠字，悠久字，不息不已字，正與則陽篇此條持論相通。晚周思想自荀子以後，有本於孔孟而會通之以老莊者，如中庸易繫是也。亦有本於老莊而會通之於孔孟者，如此舉庚桑楚則陽諸條是也。〔註96〕

由上可知，錢先生之所以採《中庸》的說法以釋莊意，認爲此篇所論，有與《中庸》言性所具有的「不息不已」的意味，由此更可推論雜篇此條，係爲本於老莊之意，以會通孔孟之作。

（二）有待商榷之處

《纂箋》一書雖有許多的特點，但在幾處的注解，亦有討論的餘地，讓吾人加以深究、商榷，今則列點說明於下：

（1）〈齊物論〉第一段說：「泠風則小和，飄風則大和，厲風濟，則眾竅爲虛，

〔註93〕見錢穆，《莊老通辨》，頁262。
〔註94〕見錢穆，《莊老通辨》，頁262。
〔註95〕見錢穆，《莊子纂箋》，頁211。
〔註96〕見錢穆，《莊老通辨》，頁287。

而獨不見之調調之刁刁乎。」纂箋說：「向秀曰，濟，止也。」〔註97〕文中將「濟」
字解作止，此處則有商榷的餘地，試看嚴復的解釋，他說：

> 屬風濟則眾竅為虛，非深察物理者不能道。凡有竅穴，其中函氣，風
> 過其上，則穴中之氣，隨之俱出，而成真空。醫家吸入器，即用此理為製，
> 故曰屬風濟則眾竅為虛。虛、真空也，濟，過其上也，解作止誤。〔註98〕

可見「濟」的意思，應該解為「引之而過」。因風的性質只是引之而過，然後漸漸的
減弱其力，而慢慢消失，並非是忽然之間就馬上停止，所以文後才又接「獨不見之
調調之刁刁乎」，表示風過之後仍有餘威，故而能使樹枝微微的左右搖晃。再連著《莊
子》的上下文來看，開頭說了泠風，接著說飄風，一是小和，一是大和，等說到屬
風時，竟沒有一句和它配合的形容語詞，立刻就嘎然而止，恐顯得過於突然與奇怪，
故就此而論，以「引之而過」來解釋「濟」，則相較於「止」更為恰當。

（2）〈養生主〉的最後一句話說：「指窮於為薪，火傳也，不知其盡也。」纂箋
說：「錢澄之曰，指薪為火，此薪既盡，所指窮矣，而火固在也。」〔註99〕這句話
亦有些模糊，因為薪已經都燒完了，而所指自然也窮盡了，亦即沒有供以燃燒的材
料了，如此火如何固在呢？錢先生或許亦知此說似乎不夠周全，故而在此句下又補
了一句說：「火喻大道。」然這句的解釋似乎也有過於簡略之嫌，而使吾人難以盡知
其意。其實試看錢先生的〈莊子薪盡火傳釋義〉一文，即可通盤瞭解。錢先生舉例
說：「儒家言仁，即猶人心之火。己之一生，則為當盡支薪。使無薪，又何來有火。
使非有人身以及人心，又何來有孔子所謂仁之一大道。」原來所謂的大道，以儒家
來說，即是「仁道」，而孔子之道雖不行於當世，但有子思、孟子承繼其道，可知「人
即是薪，而道則是火。故薪盡火傳，亦即人身之相繼死亡，而其道則傳。中國人之
重視歷史，其最要意義即在此。」〔註100〕由此可見，此處的火，是指無形的大道與
人心，而薪則是指人身，人身雖有生滅，而心存之大道卻可以永無止息的傳遞，而
讓文化能夠代代延續、永無止息。如此解釋，則此句的意義就不再模稜，而可通體
朗現句中的精義了。

（3）〈德充符〉第一段說：「常季曰，彼為己，以其知得其心，以其心得其常心，
物何為最之哉？」《纂箋》說：「屈大均曰，心從知而得，知之外無所謂心也。常心

〔註97〕見錢穆，《莊子纂箋》，頁 9。
〔註98〕見嚴復，《侯官嚴氏評點莊子》（臺北：藝文出版社，1970 年），卷一，頁 7～8。
〔註99〕見錢穆，《莊子纂箋》，頁 26。
〔註100〕見錢穆，〈莊子薪盡火傳釋義〉收入《中國史學發微》（臺北：東大圖書，1989 年），
　　　　 頁 255～261。

從心而得，心之外，無所謂常心也。知即心，心即常心。大抵聖愚之分，在知不知。知即有物皆心，不知即有心皆物。莊生之齊物，亦齊之於吾心爾，知心之外無物，物斯齊矣。穆按，常季之意，殆如陽明之倡良知，人人皆可反己自得，則不必聚於王駘之門也。」〔註101〕這段話的解釋，亦有討論的必要。嚴復在馬其昶的《莊子故》就曾經對此論加以批評，他說：

> 屈大均所言，乃西人惟心派哲學，與科學家之惟物派大異。別爲兩派，惟物派謂此心之動，皆物之變，故物盡則心盡。所言又鑿鑿可指，持惟心之說者，不可不深究也。〔註102〕

可知莊學內容之磅礴，並不能截然的劃分爲心物兩極端的任何一邊，因此屈大均以「有物皆心」來說莊子，實是有所曲解。何以如此說呢？因莊子一再地強調「知止其所不知，至矣」〔註103〕此說正指出了吾人「吾生也有涯，而知也無涯」〔註104〕的缺憾，因爲心知之外，還有很多吾人未能盡知的事物存在所致，倘若心知之外無物，其結果則將導致師心自用、目光短淺，就如同秋水篇所言的井蛙、夏蟲、曲士的拘虛、篤時、束教而不足與語了。再看本段末尾所稱道的「官天地，府萬物，直寓六骸，象耳目，一知之所知，而心未嘗死者。」〔註105〕句中的「一知之所知」正是「知止其所不知」的正面語，如此更可證明莊子的心知之外，是有物的了。然而，吾人要如何看待心知之外的萬物呢？本段下文接道：「仲尼曰，人莫鑑於流水，而鑑於止水。惟止，能止眾止。」〔註106〕此句是回答常季「物何爲最之哉」的答案，從其中可知，心外並非無物，其關鍵是要如鑑於止水一般，因水若靜止，則物相無不一一通體朗現，如此則能夠不隨物外馳，而達到「至人之用心若鏡，不將不迎，應而不藏，故能勝物而不傷。」〔註107〕的層次。然之所以能如此，則需要吾人之心知能虛而應物，易言之，就是要保有「虛心」而不固執成見，這樣才能「得其環中」，甚而與世事「虛而委蛇」，此心才可說是恆久而不變的常心。〔註108〕

（4）〈在宥〉第四段：「倫與物忘，大同乎涬溟。」《纂箋》解「倫與物忘」說：「章炳麟曰，倫借爲侖。《說文》，侖，思也。」錢先生認爲「倫與物忘，即與物忘

〔註101〕見錢穆，《莊子纂箋》，頁40。

〔註102〕見嚴復，《侯官嚴氏評點莊子》，卷二，頁11。

〔註103〕原文見錢穆，《莊子纂箋·齊物論》，頁18。

〔註104〕原文見錢穆，《莊子纂箋·養生主》，頁24。

〔註105〕原文見錢穆，《莊子纂箋·德充符》，頁40。

〔註106〕原文見錢穆，《莊子纂箋·德充符》，頁40。

〔註107〕原文見錢穆，《莊子纂箋·應帝王》，頁66。

〔註108〕上述所論幾點，參考陳重文，〈莊子之學和錢穆的莊子纂箋〉，頁34～35。

倫。」〔註109〕此句錢先生解「倫」為「思」，仍有討論之空間。因本句的上文中還提到「墮爾形體，吐爾聰明」，可見連聰明都要罷黜了，文中的「倫」字，解為「思」的可能性則要降低。然而，「倫」字又當作何解釋呢？且看林希逸解此句云：

　　　倫與淪同。淪，沒也，泯沒而與物相忘則與滓溟大同矣。〔註110〕

將「倫」字解釋為「沒」，似乎於文中較為恰當，因形體與聰明兩者都要盡皆摒棄了，當然就與物相為泯沒而同於自然，此解方能與上下文意相為扣合、連接。

小　結

本章所論，旨在對《纂箋》從篇旨到內容，有一整體輪廓的討論。首先，吾人可以解讀錢先生對內篇的看法，當是足以代表莊子思想，此間文獻的呈現，則是具有系統性的完整結構。故而錢先生在篇目的引注裡，透過本文第一節的闡述，他將自己的觀點融入其中，各篇引注，亦隱約形成了一種前後扣連、層次井然的解釋。據此，吾人當可得知，錢先生在論述莊子思想時，之所以將焦點集中於內篇，而不觸及外雜篇的文獻，原來就是其心中有一衡量《莊子》文獻的尺規，亦即對《莊子》內、外雜篇有著不同的判準所致。

而外雜篇的文獻，錢先生多引王夫之的說法注解，說明了外雜篇並非莊子所寫，而是莊子後學的作品。其中多以發揮老子思想，甚而有會通儒家的成分，因此並不能與內篇同等視為莊周思想。基於此種論點，於是錢先生再深入發揮，得出了莊子內篇文獻，實出於老子書前，甚而言「道家的鼻祖，從其著書立說，確然成立一家思想系統的功績言，實該推莊周」，〔註111〕進而產生了他「莊先老後」的主張。〔註112〕

接著，筆者再對《纂箋》的內容加以條分縷析，歸納出了其中的幾項特點：在字句釋義方面，一是文句疑誤，加以釐定；二是難辨字詞，兼採異說；三是徵引注解，己意定之。在義理闡微方面，一是引老解說，互闡義理；二是以意注莊，觸發深論。錢先生嘗傾訴作《纂箋》之用心，甚於考亭之釋《離騷》，而朱子釋離騷之特色，在於義理、文章、考據三者兼具，而綜觀以上之分析，《纂箋》之主要特點，亦在義理、文章、考據方面都加以融貫，以朱子發揚屈原「壹鬱而不得申於當年」〔註

〔註109〕見錢穆，《莊子纂箋》，頁85。
〔註110〕見林希逸，《南華真經口義》（臺北：藝文印書館，1972年），頁427。
〔註111〕見錢穆，《莊老通辨》，頁1。
〔註112〕其中細節，當詳述於第四章。
〔註113〕見朱熹《楚辭集注‧目錄》（臺北：文津出版社，1987年），頁3。

113）之志的精神，來闡釋《莊子》的精髓，足見錢先生之言之不虛也。

　　至於書中幾處模稜的注解，筆者亦將之提出討論，並嘗試加以詮解，略提出一己的管窺蠡測之見，讓讀者能夠在這幾處地方有所留心，以便對《纂箋》有更全面性的瞭解。

第四章　錢穆對《莊子》一書之詮解

　　本章所要探討的內容，主要是針對錢穆先生論《莊子》整個思想的來龍去脈作一詮釋。因此，第一節先論述錢先生研究莊子思想的方法，究竟是如何的運用？以看出錢先生對莊子學術鑽研深厚之優點。而在研究莊學當中，錢先生所提出的幾點莊學論述的成果，均與老子及老子書相涉，甚而可謂是牽一髮而全身動，是以文中在論述時，筆者亦將錢先生所認爲的老子究竟是指何人？以及老子書的成書年代爲何會在戰國晚期？…等問題加以論述，讓本節能夠全面性的探討，錢先生對莊學系統研究的整個全貌。在第二節的部分，筆者先將錢先生對莊子源淵的理解作一探索，尋繹其間的思考模式，以明其爲何提出「莊先老後」的主張？第三節的部分，筆者將再接著前論的脈絡，提出一個問題，即假使錢先生尋線探得了莊子的淵源後，莊子與所承襲的家派，究竟有何差別，以致於莊子能獨立而成爲一家？有了以上的推論基礎後，筆者又再作進一層的提問，也就是既然錢先生提出莊先老後的主張，那麼莊老兩者的關係，則又是呈現出什麼樣的關係呢？又此關係的成立，是否有其論證的依據呢？此些問題，則是筆者在第四節的部分所要闡發論述的重點。最後，錢先生在論述莊前老後的這一主張前，其實是有一個基本的假定，即這一主張之所以能成立，其間的文獻，僅是就莊子的內篇而論，並不涉及外雜篇，此一定位，吾人則可在第三章中討論《莊子纂箋》時得到結論，即錢穆先生視莊子內篇爲足以代表莊周思想，而將外雜篇看成是雖有精言，卻思想不純，而其中對外雜篇判爲是莊子後學的論著，在《莊老通辨》裡則有更深入的解說，以支持他的論點，而其中具體的論據爲何？則是第五節所要探論的焦點。本章透過了一連串問題的論述，筆者所要呈現的成果，是建構錢穆先生對莊子思想詮釋的一個整體性的系統。

　　而文中論述的方法，筆者是以文獻爲邏輯推理的主要論據。在莊子原文的徵引

上，筆者直接取材於錢穆先生所著《莊子纂箋》；又在錢穆先生對莊子思想的論述部分，則集中於其所著《莊老通辨》、《中國思想史》、《國學概論》等書，作為筆者所要論證推理的第一手資料，期能勾勒出錢穆先生對莊子思想詮釋的整體輪廓。

第一節　合而雙美：探義理、考據並行以建構莊、老系統

錢穆先生在研究諸子學的方法上，並不侷限於思想、義理，或偏重於訓詁、考據，他所採取的進路，是思想、訓詁兼用，義理、考據並行，以系統性、全面性的視野來探討諸子學派間的互動、銜接之關係，並採全方位的探究，進而將諸子的始末緣由、前因後果，討論出一完整的架構。他在訓詁、考據方面，承襲了清儒的基礎，並進一步對清儒之闕漏加以克服，是以錢先生說：

> 清儒考據，其失在於各別求之，而不務於會通。…清儒往往專精一史，專治一子。一史一子已畢，乃又顧而之他。故所繁稱博引，貌為博而情則專，實未能兼綜諸端，體大思精，作深入會通之想也。衡量清學一代所得，小學最淵微。整理經籍，瑕瑜已不相掩。至於子史兩部，所觸皆其膚外，而子部為尤甚。此正其輕忽於義理探求之病。然求明古書義理，亦豈能遂捨訓詁考據而不務？後有作者，正貴擴其意境，廣其途轍，就於清儒訓詁考據已有業績，而益深益邃，庶有以通漢宋之囿，而義理考據一以貫之，此則非爭門戶修壁壘者之所能知也。〔註1〕

由上論可知，錢先生認為義理之闡述，必須奠基在訓詁、考據的工夫上，方能言之有徵、論之有據。然而，清儒的訓詁、考據雖根柢深厚，卻有其闕漏存在，即清儒在研究諸子時，並未採取全盤性的研究，僅是專研一子，一子鑽研完畢，才又另治一子，如此則僅是作管窺蠡測、甕天之見，而不能「兼綜諸端，體大思精」。因此，他在採取訓詁、考據的同時，也並重於諸子書中的義理探求，綜合比較諸子間的影響、傳承，以打破門派之見。就義理的研究方面，錢先生則以時代背景、思想線索的兩個論據，來探求老子書的著作年代，以明《莊》、《老》的先後問題，因此他說：

> 考論一書之著作年代，方法不外兩途。一曰求其書之時代背景，一曰論其書之思想線索。…余定老子書出莊周後，其根據於老子書之時代背景以為斷者，…然就方法言，則仍是昔人所用之方法也。惟余論老子書之思想線索，則事若新創，昔人之運用此方法者尚鮮…何謂思想線索？每一家之思想，則必前有承而後有繼。其所承所繼，即其思想線索也。若使此一

〔註1〕見錢穆，《莊老通辨・自序》（臺北：東大圖書，1991），頁2。

　　思想在當時，乃爲前無承而後無繼，則是前無來歷，後無影響。此則決不

　　能歸然顯於世而共尊之爲一家言。故知凡成一家言者，則必有其思想線索

　　可尋。〔註2〕

從上文可見，錢先生認爲一書的成書年代，是可以從書中所透顯的時代背景與思想
線索去加以判斷的，而其中的「思想線索」，則是錢先生的獨見之處。所謂的「思想
線索」，其實就是從莊、老學說裡去尋繹其中的銜接問題，此間當有一來龍去脈的痕
跡可循，以推斷「莊先老後」這一命題的成立。由此得知，錢先生的研究方法，並
不會只囿於單向的考據訓詁而失思想義理，或是僅侷限在思想義理而乏考據訓詁，
此種的研究方式，方能全面的掌握諸子的流變。因此，錢先生在研究莊老思想時，
他先將莊子的文獻分成兩部分看待，就內篇而言，錢先生採「思想線索之比定」的
研究方法，而說：

　　莊惠兩家，皆言萬物一體，莊子本於道以爲說，惠施本於名以立論。

　　今老子書開宗明義，道名兼舉並重，故知老子思想又當晚出於莊惠兩家

　　也。然則先秦道家，當始於莊周，名家當始於惠施，不得謂老子乃道名兩

　　家共同之始祖。老子特綜匯此兩家，而別創一新義耳。〔註3〕

由上論觀之，可得老子書晚出《莊子》之證。在錢先生的看法，認爲老子首章道名
並舉，此種行文思想，並非憑空獨創，實是吸收了莊、惠兩家的思想，而自成一新
義。因莊子重「道」，惠施崇「名」，老子書之出現，絕在兩家之後，而將兩者融會
貫通，方能有「道名並舉」之說。如何可見呢？試看錢先生所論，他說：

　　莊子內七篇，每兼言名實，此與孟子略相似。兼言名實，則每重實

　　不重名。故莊子曰：名者、實之賓也，吾將爲賓乎？此莊子之無重於名

　　也。〔註4〕

莊子內篇與孟子的時代略同，莊、孟提到「名」、「實」，其表述義皆重名而不重實，
故內篇提到「堯讓天下於許由」一段，才言「名者，實之賓也，吾將爲賓乎？」〔註
5〕顯見莊子實重而名輕。再論老子書賦予「名」之思想，錢先生說：

　　而老子書則道名兼重。有常道，復有常名。又曰：自古及今，其名不

　　去，以閱眾甫。吾何以知眾甫之狀哉，以此。然則常名者何指，是即吾所

〔註2〕見錢穆，《莊老通辨・自序》，頁8～9。

〔註3〕見錢穆，《莊老通辨・自序》，頁9～10。

〔註4〕見錢穆，《莊老通辨・自序》，頁4。

〔註5〕見錢穆，《莊子纂箋》（臺北：東大圖書，1993），頁4。

謂此乃一家思想所特用之一種新語也。〔註6〕
由上論又可得而知，錢先生解釋老子書對於「名」的認知，則與「道」有著並駕齊驅、同列並舉的地位，此種思想，探究當中的接續之跡，應是兼融莊、惠兩家的思想，而自成一說。故此，老子書出現的年代，當晚於莊子內篇。從上述的推論邏輯可看出，錢先生的論述對象，牽連到了莊、孟、惠、老…等幾家的思想作一評比，以得出推論的結果，並不是直線思考地從莊、老兩家單方面的思想去闡釋，而是綜論整個時代背景的思維脈絡，進而再將莊、老思想置於當中，縱橫經緯的交織，以得莊、老兩說的遞嬗關係，真可說是「非爭門戶修壁壘者之所能知」。

另一方面，錢先生也以精密的訓詁、考據之方式，將莊、老兩書的關鍵字加以論析說明，以免於無稽之談，所以，郭其勇、汪學群兩位學者在總結錢穆研究子學的系統時，在第三點指出說：

> 三、把諸子學看成一個有序的系統。錢穆治先秦諸子最大的特點是強調諸子之間的聯係、貫通。他借助考據、辨僞等方法，有根據地研究諸子之間的學術淵源，予以整理，排列次序。不像有些治諸子的學者，僅把它們學術思想平鋪開來，只重視思想，而不重視不同學派之間的學術和師友關係。讀錢穆的著作，給人一種整體之感，對諸子思想及學派之間的聯系一目了然。就是說，他既重視學派內部的思想創建，又重視學派之間的思想聯係，打破了門戶之見，以及局限於每一流派的狹隘性，爲諸子繪製了一幅有機整體的圖畫。〔註7〕

由以上論述可知，錢穆先生研究先秦諸子，是將先秦諸子視爲是一個整體而有系統的加以研究。除了從諸子的思想關係之遞嬗探究外，他還以科學的考據、訓詁…等言之有徵的方法，將各流派的因果關係給抽絲剝繭、尋本探源，釐出一個歷史推進的輪廓來。

此外，錢穆先生也以訓詁、考據的方法，對老子其人其事作一辨析，釐清老子書並不一定是老子所作。他之所以如此做，是認爲「老子之僞跡不影，真相不白，則先秦諸子學術思想之系統條貫終不明，其源流派別終無可言。」〔註8〕故老子其人一明，則老子書的作者自然能夠得到解答，如得知老子書的作者爲何，則老子書的時代背景亦能獲得答案，當尋繹出了老子書的成書年代後，則《莊》、《老》孰先孰後，亦迎刃而得到解答了。然問題是，錢先生究竟認爲老子是何人呢？其實，他

〔註6〕見錢穆，《莊老通辨‧自序》，頁4。
〔註7〕見郭其勇、汪學群，《錢穆評傳》（江西：百花洲文藝出版社，1995），頁126～127。
〔註8〕見錢穆，《先秦諸子繫年》（臺北：東大圖書，1986），頁204。

認爲有關於老子其人的說法，大概有三種可能的情況，而說：

> 今綜述上陳，則戰國言老子大略可指者，凡得三人。一曰老萊子，即
> 《論語》荷篠丈人，爲孔子南遊所值。二曰太史儋，其人在周列王時，爲
> 周室史官，西入秦見秦獻公。三曰詹何，爲楚人，與環淵公子牟宋玉等並
> 世。〔註9〕

從上說可得知，錢先生戰國所指的老子，大略可歸納爲三人，其一是老萊子，此人
正是《論語》中孔子所遇到的老子，他說：

> 然則孔子所見之老子固何人乎？莊周述孔子老聃，其固茫無故實，盡
> 出虛構乎？曰：不然。莊周之言老子，其先固據《論語》也。《莊子‧外
> 物篇》：「老萊之弟子出薪遇仲尼，反以告老萊子。曰：是丘也，召而來。
> 仲尼至。曰：丘！去汝躬矜，與汝容知，斯爲君子矣。」《大戴記‧衛將
> 軍‧文子篇》，孔子語子貢以近古之賢者，自伯夷叔齊以下十許人，曰：「德
> 恭而行信，終日言不在尤內，貧而樂也，蓋老萊子之行也」，而獨不及老
> 子，是即以老萊子爲老子也…今即據《戴記》孔子所稱道…推凡十一人，
> 其他十人，或見於《論語》，或見於《左傳》，獨老萊子無聞焉。其事始見
> 於《莊子》之雜篇，而記禮者採之，而其名乃特著，亦可怪矣。〔註10〕

他從《莊子‧外物篇》的「老萊子之弟子出薪，遇仲尼」一段探得老子所見之人，
其實就是老萊子，再論《大戴記‧衛將軍‧文子篇》之「孔子語子貢以近古之賢者」
裡看出，十一位古之賢者，其人姓名，或見論語，或見左傳，單單「老萊子」無法
得從兩書而見，故推斷《論語》所言之人，應是「老萊子」而非「老子」，換言之，
孔子當時所見之老子，即是「老萊子」這位人物。錢先生再舉出證據說：

> 然則《莊子‧雜篇》之老萊子者何所來？余嘗爲之搜根掘柢，而知其
> 即《論語》之荷篠丈人也。余考《莊子》書，畏累虛、亢桑子之屬，皆空
> 語無事實。馬遷已先言之。而老萊子實有其人。萊者，除草之稱。子路「遇
> 丈人，以杖荷篠，子路問曰：『子見夫子乎？』丈人曰：『四體不勤，五穀
> 不分，孰爲夫子？植其杖而芸。』其事明見《論語》，而丈人之姓字不傳。
> 後之記者異其辭，因謂之老萊子，蓋猶云芸草丈人也。惟《莊子》謂老萊
> 子弟子出薪而遇孔子，則與子路之行後而遇丈人適相反。然此特小節相
> 差，無害爲一事之訛傳。〔註11〕

〔註9〕見錢穆，《先秦諸子繫年》，頁221。
〔註10〕見錢穆，《先秦諸子繫年》，頁212～213。
〔註11〕見錢穆，《先秦諸子繫年》，頁213。

上論更清楚說明，孔子所遇之荷蓧丈人，與莊子「老萊子弟子出薪而遇孔子」實只同一件事，雖稍有出入，卻不妨害這一事實的存在，況且所謂「萊者」，即指除草的名稱，故可推斷，《論語》所載之丈人，即是老萊子。其二是太史儋，此人常與老聃相混而爲一人，錢先生詳論說：

> 莊周稱孔子所見爲老子，又曰老聃，而老聃與太史儋每易混。《史記‧老子傳》：「老子姓李氏，名耳，字聃。」《說文》：「聃，耳曼也。」《莊子》書稱老聃，《呂氏春秋‧不二篇》作老耽。《說文》：「耽，耳大垂也。」《淮南‧地形訓》：「夸父耽耳在其北方。夸父棄其策，是爲鄧林。」然則夸父者，猶云大人國，耽耳，猶云大耳國也。耽耳亦作聸耳。《說文》：「聸，垂耳也。南方有聸耳國」聸耳又作儋耳。《山海經‧大荒北經》有儋耳之國。注云：「儋耳，其人耳大下儋，垂於肩上。」《後漢書‧明帝紀注》云：「儋耳，南方夷。」蓋古人傳說，邊荒有儋耳之國。南人因謂在南荒，北人則謂在北荒也。漢《老子銘》：「聃然，老旄之貌也。」古人以耳大下垂爲壽者之相，至今俗猶然。故高年壽者稱老子，稱老聃，老耽，亦得稱老儋。以其年老而曰老聃，以其爲周史官則曰太史儋。故儋之與聃，每易混說而爲一人也。〔註12〕

他引《史記》：「老子…字聃」的說法，考論出「聃」就是「耳曼」之義，又「聃」與「耽」相通，其意亦是指「耳大垂」，而「耽耳」與「聸耳」、「儋耳」又可互易其字而不改其義，加上古人以大耳爲長壽之相，是以「老聃」與「老耽」、「老儋」皆可相換，因此每每將「太史儋」誤作老聃，而當成一人。其三是詹何，此人就是任公子，錢先生說：

> 《莊子》書有太公任，又有任公子。太公任即老聃，而任公子則爲詹何。〈外物〉篇：「任公子爲大鉤巨緇，五十犗以爲餌，蹲乎會稽，投竿東海，旦旦而釣，期年不得魚。已而大魚食之，牽具鉤，錎沒而下，驚揚而奮鬐，白波若山，海水震盪，聲侔鬼神，憚嚇千里。任公子得若魚，離而腊之，自淛河以東，蒼梧以北，莫不厭若魚者。」任公子即詹子也。何以言之？《淮南‧冥覽訓》：「詹何之鶩魚於大淵之中」此即五十犗以爲餌之釣也。故詹何者，據《莊子》任公子之故事言之，乃一隱淪江海漁釣之君子也。〔註13〕

由上文的繫連得知，任公子就是《莊子‧外物》篇裡所言的釣大魚之人，又在《淮

〔註12〕見錢穆，《先秦諸子繫年》，頁 204～205。
〔註13〕見錢穆，《先秦諸子繫年》，頁 206～207。

－56－

南‧冥覽訓》中，就明白指出，所謂在大淵中鶩魚的人，他的名字即稱爲詹何，是
以錢先生才會作詹何即爲任公子的推論。然而，爲何會以這三人爲老子？又將此三
人混而爲一呢？錢先生認爲：

> 今以三人傳說，混而歸之一身，又爲之粉飾焉，則宜其去實益遠。今
> 爲分別條理，則孔子所見者，乃南方芸草之老人，神其事者由莊周。出關
> 由秦者，乃周室史官儋，而神其事者屬秦人。著書談道，列名百家者，乃
> 楚人詹何，而神其事者，則爲晚周之小書俗說。其混而爲一人，合而爲一
> 傳，則始《史記》。而其牽而益遠，以老子上躋堯舜，下及商初，則人知
> 其妄，可勿深論也。〔註14〕

上文所言，可知芸草老人被誤爲老子，乃是莊周神其事跡，而得以流傳；太史儋被
誤爲老子，則是由秦人神其事跡，而廣爲人知；詹何被誤爲老子，則因晚周小書俗
說之故，而傳誦後世；而《史記》又將三人之事跡混同，才會導致「老子其人有三」
的這一結果產生，故而老子的說法，就以道聽途說、以訛傳訛的方式，被擴散開來
了。最後，總論錢先生的〈老子雜辨〉，可得出三人的繫連如下：

> 1.「老聃」即：老耼、老子、老儋、太公任、續耳、李耳、離耳、接
> 輿、老萊子、荷篠丈人。
> 2.「詹何」即：儋何、詹子、瞻子、任公子。
> 3.「太史儋」不等於老聃與詹何。〔註15〕

在得知戰國老子之稱謂，係分爲「老萊子」、「詹何」、「太史儋」三人之訛傳後，究
竟老子書的作者，是指三者的哪一位呢？錢先生揭櫫說：

> 今不得已而必爲《老子》五千言尋其作者，則詹何或庶其近之。《老
> 子》曰：「道可道，非常道，名可名，非常名。」此乃莊周、公孫龍以後
> 書耳。魏牟問於詹子其年粗合。《莊子‧內篇》述老聃語，絕不見今《老
> 子》五千言中。蓋其時尚無《老子》書，特莊周自爲寓言。至荀子云：「老
> 子有見於詘，無見於信。」或其時已有老子書。以詹何年世言之，亦當在
> 莊周、荀卿間也。…然則，必不得已而求今道德五千言之作者，與其歸之
> 孔子時之丈人與秦獻公時之周史，無寧與之公子牟、楚襄王同時之詹何爲
> 得矣。〔註16〕

〔註14〕見錢穆，《先秦諸子繫年》，頁221～222。
〔註15〕所得歸納，見楊翠玲，《錢穆老子學研究》（臺北：私立東吳大學中國文學研究所碩
　　　　士論文，2001年），頁38。
〔註16〕見錢穆，《先秦諸子繫年》，頁224。

由上論知，如果真的要為老子書找出作者，他認為詹何是較為恰當的人選。原因是
「道」、「名」並舉，當在莊、惠之後；又《莊子・內篇》所提及的老聃語，並不在
錢先生所見的今本《老子》裡，再加上荀子當世，已有「老子有見於詘，無見於信」
〔註17〕一語，故綜合而推斷之，如將老子書的作者視為詹何，當較老萊子、太史儋
為宜。

　　錢先生作此判斷，在其所主張「莊先老後」的論點，就能夠鑿鑿有據、順理成
章的因應而生，進而重構一套莊、老的系統，其實這不就是「打破了門戶之見，以
及局限於每一流派的狹隘性，為諸子繪製了一幅有機整體的圖畫」嗎？錢先生研究
莊、老的貢獻，甚至有學者這樣認為：

> 　　錢先生有關先秦學術史研究第五項貢獻，為考辨《老子》與《莊子》
> 成書之先後與其思想系統之差異……錢先生考辨之重點，除論先秦有關可
> 名為「老聃」之人之傳說外，重點在於莊學與老學之判宗……即專就《老》
> 書與《莊》書言，兩書思想實有某些不同，亦是歷來深於老莊之學者所察
> 覺。然雖是老、莊之學有大致的差異，因《莊》書中外、雜篇中亦有明顯
> 近於《老子》理路之言者，故《老》之與《莊》自來亦並非真能清楚劃分。
> 老、莊確然可以別宗，始自清初王船山（夫之）之《莊子解》；而其關鍵
> 則在依據《莊子》版本內、外、雜篇之結構，分別加以統整，確認除〈天
> 下〉一篇性質較為特殊外，《莊》書唯內篇意自連屬，內容精純，可大致
> 信為莊子本人之學，至於其他外、雜篇，則雖有精言，守義不純，皆當判
> 為衍莊者所為，且其中亦間有專為《老》書思想作詁者。錢先生據於此見，
> 而益之以一種思想議題與觀念歷史之分析，將兩家作進一步判分；並倡言
> 《老》書必當於《莊》書內篇既成之後者，道家思想最先乃自莊子始，非
> 由老子起。〔註18〕

以上的論述，更肯定了錢先生在莊、老方面的貢獻，即考辨《莊》、《老》成書年代、
論證老子其人其事、探析《莊子》外雜篇晚出於莊、老，這些重要的成果推斷，自
當歸功於錢先生所採「義理考據一以貫之」的研究方法，而能「別創一新義耳」。

　　總上而論，錢先生研究莊學的方法，是採考據與思想並行，正如他自己研究老子
書所說：「余辨老子書之晚出，其主要方法，在即就老子書，摘出其書中所用主要之

〔註17〕原文見北大哲學系注釋，《荀子新注・天論》（臺北：里仁書局，1983年），頁336。
〔註18〕見戴景賢，〈錢穆先生〉，收入《中國歷代思想家》（臺北：商務印書館，1999年），
　　　　頁268～269。

字語，一以推究其時代之背景，一以闡說其思想之線索。」〔註19〕他質疑《史記》所載莊子學說承繼老子的說法，而加以深入研究，建構了一套莊學的系統。這一系統思維的開展，即「莊子源於孔門顏氏」，而在判定這一推論結果的前提下，卻必須先釐清莊、老之關係，他於是先將老子其人其書予以區分，證明《老子》作者並非老聃而是詹何，接著，又一方面對老子書中的「道」、「帝」、「天」、「地」…「象」、「法」等字作考據、繫聯，一面以「思想線索」加以論述，而說：「以上歷舉老子書中所用重要各名詞，一一指陳分析其涵義，與其問題產生之背景，又推論其在思想史上展衍遞進之層次與線索，而老子書之晚出，顯然可見矣。」〔註20〕但是，究竟《老子》應晚到何時呢？錢先生則說：「若謂從來思想界，無可有此奇跡，則何如擺脫舊說之纏縛，以將老子成書年代移後，置之於莊子公孫龍與荀卿韓非之間，則自孔墨以下，戰國兩百年思想展衍，有一條貫，可以董整，而亦並無損於老子一書在古代思想史上所應有之地位。」〔註21〕由此可見，他認為《老子》應成書在戰國末年，而提出「《莊》先《老》後」的推論。又《莊子》之所以先於《老子》，並非莊書全部的文獻，而僅限於內篇，至於外、雜篇，錢先生也以繫聯的方式，而曰：「試讀莊子外雜篇，則有可以確證其書之出老子之後者」，〔註22〕更將外雜篇視為是更晚於《老子》的作品。關於錢先生對《莊子》一書的理解，筆者將於以下各節詳述其論。

第二節　推本溯源：《莊子》內七篇思想源於孔門顏氏

　　錢穆先生認為「莊周以前，是否有老聃這一人，此刻且不論。但老子五千言，則決然是戰國末期的晚出書。如此說來，道家的鼻祖，從其著書立說，確然成立一家思想系統的功績言，實該推莊周。」〔註23〕據此，明顯可見錢穆先生並不認同莊子思想承襲老子，「其要本歸於老子之言」〔註24〕的這種看法。故爾，吾人不免有一疑惑產生，即《莊子》一書既然不是承襲於老子，而其思想淵源究竟為何呢？關於此一問題，錢穆先生的看法是：

> 試就莊子書細加研尋，當知莊子思想，實仍沿襲孔門儒家，縱多改變，

〔註19〕見錢穆，〈老子書晚出補證〉，收入《莊老通辨》，頁301。

〔註20〕以上的單字繫聯與引文，見錢穆，〈關於老子成書年代之一種考察〉，收入《莊老通辨》，頁58。

〔註21〕見錢穆，〈關於老子成書年代之一種考察〉，收入《莊老通辨》，頁59。

〔註22〕見錢穆，〈老莊的宇宙論〉，收入《莊老通辨》，頁178。

〔註23〕見錢穆，《莊老通辨》（臺北：東大圖書，1991），頁1。

〔註24〕見司馬遷，《史記·老子伯夷列傳》曰：「莊子者，蒙人也。……其學無所不闚，然其要本歸於老子之言，故其著書十餘萬言，大抵率寓言也。」，頁721。

然有不掩其為大體承繼之痕跡者。〔註25〕

如果試著要為莊子的思想推本溯源，錢穆先生循線探源的研究，指出了莊子的思想，實際上是沿襲於「孔門儒家」而來，其所據理由是：

> 故莊子內篇，屢稱孔子，並甚推崇。齊物論於儒墨是非，兼所不取。然內篇引孔不引墨，則莊子心中，對此兩家之輕重，豈不已居可見乎？〔註26〕

由上段話可看出兩點訊息，一點是錢穆先生所指的莊子思想源於孔門儒家，是指《莊子》內篇的文獻而言，並不涉及外雜篇，故他才又補充說明曰：「莊子內篇成書，實應在老子五千言之前。至莊子外雜篇，則大體較老子為晚出。」〔註27〕另一點，吾人又可由錢穆先生的看法得知，莊子在內七篇常常提到孔子，卻沒有論及墨子；當時儒墨並稱顯學，〔註28〕若莊子心中無一取決的標準，為何其一些重要的思想，諸如「坐忘」、「心齋」等，會藉由孔、顏之口代為宣揚呢？〔註29〕順著這樣的邏輯思維而論，似乎可看出莊子對孔門儒家的承襲之痕跡。

然而，孔門儒家分支甚多，究竟莊子思想是源於孔門的哪一支派呢？錢穆先生則有其看法，其云：

> 韓非稱儒分為八，蓋自孔子卒後，其門弟子講學，已多分歧矣。孟子常引曾子子思，此為孔門一大宗。荀子極推仲弓，此當為又一宗。子游子夏，各有傳統，而莊子內篇則時述顏淵。若謂莊子思想，誠有所襲於孔門，則殆與顏氏一宗為尤近。韓非八儒，即有顏氏，此證下逮晚周末葉，儒家仍有傳述顏氏說而自成一宗派者。易繫傳成書，尤較老子為晚出，故其陳義多匯通老莊，殆可為晚周末葉後起之新儒學，而易繫傳於孔門，亦獨稱引顏淵。此證顏淵於莊學有相通也。下逮東漢，道家思想漸盛，而顏淵乃

〔註25〕見錢穆，《莊老通辨》，頁145。

〔註26〕見錢穆，《莊老通辨》，頁145。

〔註27〕見錢穆，《莊老通辨》，頁114。

〔註28〕此論根據韓非，《韓非子·顯學第五十》，收入《四部備要》（臺北：中華書局據吳氏影宋乾道本校刊，1981年），書載：「世之顯學，儒、墨也。儒之所至，孔丘也。墨之所至，墨翟也。」卷19，頁8下，頁9上。

〔註29〕關於「坐忘」、「心齋」原文，見錢穆《莊子纂箋》（臺北：東大圖書，1993年），書載：「顏回曰：『回益矣。』仲尼曰：『何謂也？』曰：『回忘仁義矣。』曰：『可矣，猶未也。』它日，復見。曰：『回益矣。』曰：『何謂也？』曰：『回忘禮樂矣。』曰：『可矣，猶未也。』它日，復見。曰：『回益矣。』曰：『何謂也？』曰：『回坐忘矣。』仲尼蹴然曰：『何謂坐忘？』顏回曰：『墮枝體，黜聰明，離形去知，同於大通，此謂坐忘。』」頁59～60。又載：「回（顏淵）曰：『敢問心齋。』仲尼曰：『若一志，無聽之以耳，而聽之以心。無聽之以心，而聽之以氣。聽止於耳，心止於符。氣也者，虛而待物者也。唯道集虛。虛者，心齋也。』」頁30。

獨爲東漢諸儒所尊推。北宋理學興起，必溯源於周濂溪，而濂溪太極圖說，上本易繫，其論宇宙觀點，顯然近於道家，而其易通書，亦盛尊顏淵。此又證孔門諸賢，獨顏淵最與後起道家義有其精神之相通也。今欲詳論顏氏思想，雖憾書闕有間，然謂莊周之學，乃頗有聞於孔門顏氏之風而起，則殊約略可推信也。〔註30〕

總結上言，錢穆先生認爲莊子思想，實出於孔門的顏氏。在此，吾人可將錢先生的論據歸納爲三點：其一，在《韓非子·顯學》篇提到儒分爲八，〔註31〕就有提到顏氏之儒一支，可見一直到晚周末葉時，儒家中顏氏則自成一宗、獨樹一格，具有相當的影響力；其二，易繫傳成書於老子之後，可視爲晚周的新儒學，而其陳義對老莊多所匯通，又易繫傳書中獨稱引顏淵，即可證顏淵與莊學有互通之處；其三，北宋理學起於周濂溪，又濂溪的太極圖說接近道家，加上易通書盛尊顏淵，故可證孔門的顏淵，與道家的精神最爲相通。從以上三點的論據，錢穆先生即推論莊子的思想，係淵源於孔門的顏氏。此種說法，章太炎也曾提過，他說：

> 儒家之學，在《韓非子·顯學篇》說是「儒分爲八」，有所謂顏氏之儒。顏回是孔子極得意門生，曾承孔子許多贊美，當然有特別造就。但孟子和荀子是儒家，記載顏子的話，很少，並且很淺薄。莊子載孔子和顏回的談論卻很多。可見顏氏的學問，儒家沒曾傳，反傳於道家了。莊子有極讚孔子處，也有極誹謗孔子處，對於顏回，祇有讚無議，可見莊子對於顏回是極佩服的。莊子所以連孔子要加抨擊，也因戰國時學者托於孔子的很多，不如把孔子也駁斥，免得他們借孔子作護符。照這樣看來，道家傳於孔子爲儒家，孔子傳顏回，再傳至莊子，又入道家了。〔註32〕

上論所言，與錢先生的想法相近，認爲莊子的學問，是承繼於顏回。章氏的理由有二，一是孟、荀的書中，極少記載顏回的話語，縱使是有，也是非常淺薄的；但是反觀莊子書中，卻有多處談及顏淵，足見顏氏之學傳入道家的痕跡。二是在莊子書中，就連孔子，也難免受到莊子言語上的抨擊，然而他卻不曾詆毀顏回，可見莊子對顏回是極爲尊崇、敬佩的。章氏所論的兩點理由，大抵是錢先生推論莊子源於孔門顏氏的論證依據，但當中值得注意的，是章氏認爲孔子係淵源於老子，又曾經受

〔註30〕見錢穆，《莊老通辨》，頁 146。

〔註31〕所言儒分爲八者，見韓非，《韓非子·顯學第五十》，收入《四部備要》，云：「自孔子之死也，有子張之儒，有子思之儒，有顏氏之儒，有孟氏之儒，有漆雕氏之儒，有仲良氏之儒，有孫氏之儒，有樂正氏之儒。」卷19，頁9，上。

〔註32〕見章太炎，《國學概論》(四川、巴蜀書社、1987 年)，頁 53～54。

業於老子，〔註33〕故而道家先傳於孔子爲儒家，孔子又傳顏回，顏回再傳回道家的莊子，錢先生對於這個論點，卻是與章氏大相逕庭。錢先生不認爲老子早於孔子，甚至還主張老子晚於莊子的說法，〔註34〕故而並不將儒家看成是由道家所傳。

而莊子思想之所以會延繼著儒家而出，錢穆先生也特別從思想遞嬗的發展背景，來加以論述闡發，他說：

> 道家承儒墨而起，應是創始於莊子。其時儒墨之爭正烈，莊子開始注
> 意到人文歷史範圍以外，從觀察大自然入手，他想把人的知識範圍擴大，
> 來平息儒墨之爭。〔註35〕

順著錢穆先生的說法，吾人可看出道家的起源，並非憑空而來。道家之起，因當時儒墨互爲攻訐，莊子見到了此種情況，不免產生人文化育不足以解決實弊之感，而轉向於自然界著手，莊子想把人的視域擴大，以解決「吾生也有涯，而知也無涯。以有涯隨無涯，殆矣」〔註36〕的窘境。基因於此，所以錢穆先生才又說：

> 今試專就先秦儒道兩家，觀其對於宇宙論方面之思想演變，則大致可
> 分爲兩階段。自孔子至莊周爲第一階段，而老子書與易繫傳則爲第二階
> 段。此兩階段思想，顯然有一甚大之區別。在第一階段中，一切思想觀點，
> 大體從人生界出發，而推演引伸及於宇宙界。換言之，在第一階段中，當
> 認爲人生界雖可知，而復寄慨於宇宙界之終極不可知，此實爲自孔子至莊
> 周一種共同的態度。〔註37〕

先秦儒道兩家的關係概況，錢穆先生將其分爲兩階段，即從孔子到莊子屬於第一階段，而自老子書過渡到易繫傳爲第二階段。在第一階段的論題發展，乃是濫觴於孔子從人生界的探討爲起點，發展到莊子，終究以探尋不可知的宇宙界爲目的，此種發展的歷程，則有其推進的銜接關係。爲何如此說呢？錢先生再闡釋曰：

> 所謂有涯之知，即屬人生界，無涯之知，則屬宇宙界。人生有涯，而
> 宇宙則無涯，若從有涯之生以求知此無涯，在求本其對於無涯之所知，轉
> 以決定有涯之人生，則必屬一危險事。〔註38〕

〔註33〕此說根據章太炎，《國學概論》曰：「周秦諸子，道儒兩家所見獨到。這兩家本是同源，後來才分離的。《史記》載孔子受業於徵藏史，已可見孔子學說的淵源。」，頁53。

〔註34〕關於莊、老兩人之承繼關係，詳見本章第四節。

〔註35〕見錢穆，《中國學術通義》（臺北：學生書局，1993年），頁34。

〔註36〕原文見錢穆，《莊子纂箋‧養生主》，頁24。

〔註37〕見錢穆，《莊老通辨》，頁146。

〔註38〕見錢穆，《莊老通辨》，頁147。

從上段引文裡，錢先生更點出了莊子將孔學對人生界的關注，擴充推展到宇宙界的範疇，莊孔的延繼遞嬗之痕跡，實可由此得知，即孔學所謂的「有涯」、「知人之所為」乃為人生界之事，而人生界並不代表一全然的整體，故莊子見到這一所執後，進而開展至「無涯」、「知天之所為」的宇宙界，方能窮於極致。這種看法，錢先生又再發揮說明，其云：

> 人之所為，屬於人之自身，此為可知者。天之所為，不屬於人，此為人所不可知。孔子每總合此人之所為者曰仁，又總合此天之所為者曰命。故孔子與命與仁，然孔子僅教人用力於為仁。又常教人知天命，所謂知天知命者，則亦知其為不可知而止耳。孟子兼言仁義。仁義皆屬人生界，為人生所能知，亦為人生所能盡力。故曰：「盡心知性，盡性知天」。即是自盡人事以上測天心也。此皆與莊周以其所知養其所不知意近。…莊子亦好言知天知命，則是莊子思想之承續儒家處也。〔註39〕

由引文得知，錢先生認為孔子雖著力於人生界之事，但仍注意到了人生界之外天之所為的不可知之事，故孔子則將天、人之事，總的分判為命、仁，而命之探尋，則至於「知其為不可知而止耳」！孟子倡導仁義，亦是著眼於人生界的範疇，然孟子亦非僅停滯於人生界而不向宇宙界發展，孟子亦稱「盡心知性，盡性知天」，心性天三者之間的聯繫關係，不正是由人生界出發，進而上達於宇宙界嗎？由此可見，莊子之所以「好言知天知命」，不也就是其思想沿續儒家之一證據嗎？是以錢先生又云：

> 又內篇人間世，為莊子思想中關涉於處世哲學方面之詳細發揮，此為莊子人生哲學中最主要部門。而莊子此篇，即多引孔子顏淵語立論。凡此所引，是否莊子確有所受，是否孔子顏淵確曾有如莊周之所稱述，抑或盡屬莊子之寓言，此俱可不論。要之莊子關於人生哲學之理想，必有與孔子顏淵一脈相通之處。故莊子關於人生哲學方面之種種寓言，亦多喜託之於孔顏也。〔註40〕

以上所言，即錢先生推臆莊子內篇人間世，為其處事與人生哲學的立論篇章，而篇中內容多塑造孔顏對話，以宣揚莊子本身之觀點、主張，雖說不必「確有所受」、確有其事，但此間所受到孔顏的影響，亦明顯可見，而有其「一脈相通之處」。此所謂「一脈相通」，錢先生又加以說明，曰：

> 莊子重言天，…故荀子評之曰：「莊子蔽於天而不知人。」蓋莊子之意，猶若有合乎天者始為道之一觀念，存其胸中。雖其對於天字之涵義，

〔註39〕見錢穆，《莊老通辨》，頁148。
〔註40〕見錢穆，《莊老通辨》，頁149。

不復嚴守古昔相傳之神道觀，而其尊天崇天天道不可知之說，無形中尚受
舊說之纏縛，而未盡擺脫者。故孔墨乃積極的尊信天，知天命天志之必如
此，而還從人事上盡力。莊子則消極的尊信天，既謂天道不可不遵依，而
天道又未必盡可知，於是遂使其於人事，有徬徨卻顧，而失其直前勇往之
毅氣與壯志。然其指導人當知天命，實與孔子意態較相近。故莊子書乃時
時稱道孔子與顏淵，此亦其間思想遞嬗一線索也。〔註41〕

由上論可見，錢先生認為莊子重天，已有天、道合一的形上觀念存在，但莊子所謂
的天，崇敬神鬼的觀念已然淡薄，此為莊子不同於孔墨之處。然而，莊子雖不復積
極的敬天，而他對天的那份「不可知」之感，依然是存在的，是以他採取「消極的
尊信天」，對人事則充滿徬徨，而教人知天命，這種知命的思想，係孔顏與莊子薪火
相傳的「一脈相通」處。

　　除此之外，錢穆先生也另就時代背景的更迭輪替，來進一步的說明莊續孔學之
跡，他說：

孔、墨之興為初期。當時所討論者，質言之，即貴族階級之生活，究
當若而始得謂之正當是已。陳、許、孟、莊為第二期。當時所討論者，質
言之，即士階級自身對於貴族階級究應抱若何之態度是已。〔註42〕

由上段引文可知，莊子會由人生界轉向宇宙界的探尋，實與當時時代問題的發展背景
有關，也就是錢穆先生視先秦諸子的起源，是有其階段性的，而此種階段性，也有其
相互承遞的關係存在，即「孔子生當東周之衰，貴族階級猶未盡壞，其時所謂學者則
惟『禮』耳。禮者，要言之，則當時貴族階級一切生活之方式也。」〔註43〕這裡所謂
的以「禮」為論題，也就是「孔子以平民儒士，出而批評貴族君大夫之生活，欲加以
糾正」，〔註44〕這時所強調的重點，無庸置疑的是落在人生界方面；到了後來，「貴族
階級之頹運終不可挽，則孔子正名復禮之主張徒成泡影，而自此開平民講學議政之
風」，〔註45〕此時就要面對政治上出處的問題了。錢穆先生認為當時孔門派別中，有
一分支是簞食瓢飲，巷陋自樂的顏回、閔損，而承襲他們理念又獨樹一幟的，則有墨
翟一脈。〔註46〕接著，錢穆先生云：「道家言反樸無治，原於墨。」〔註47〕又說：「先

〔註41〕見錢穆，《莊老通辨》，頁29。
〔註42〕見錢穆，《國學概論》（臺北：商務印書館，1998年），頁52。
〔註43〕見錢穆，《國學概論》，頁34。
〔註44〕見錢穆，《國學概論》，頁39。
〔註45〕見錢穆，《國學概論》，頁39。
〔註46〕根據錢穆，《國學概論》言：「求之孔門，則簞食瓢飲，陋巷自樂，顏回、閔損之類
　　　也。其異軍特起別樹一幟者為墨。墨家始於墨翟，亦學儒者之業，而變其道。」，頁

秦道家，當始於莊周」，〔註48〕在此，如將兩說加以扣合，則可得知錢穆先生之意，即謂莊周之學是墨家的嫡出。然而，吾人此處不禁會有一疑惑產生，即錢先生這一論點，乍看之下似乎與上節所說「莊周源於孔門顏氏」有所牴牾。但錢先生作此推論，是否眞的會造成其中互爲矛盾的疏失呢？試看《淮南子・要略》所載：

> 墨子學儒者之業，受孔子之術，以爲其禮煩擾而不說，厚葬靡財而貧
> 民，服傷生而害事，故背周道而用夏政。〔註49〕

從引文裡，吾人可獲知墨子最初所吸收的知識，是濫觴於「儒者之業」、「孔子之術」，之後發現了儒術的形式規範，竟會造成「煩擾不說」、「靡財貧民」、「傷生害事」的社會弊病後，才轉而「背周道而用夏政」。可見墨子與孔門儒學的淵源匪淺，是以錢先生才認爲：「墨子學儒者之業，受孔子之術，則墨源於儒。」〔註50〕又說：「墨子魯人，生當孔子卒後，他正是產生在儒學空氣極濃厚的國土內，影響他最深切的，自然是儒學。」〔註51〕而在孔門的諸多支派當中，與墨子「節用」、「節葬」的思維相近者，則以簞食瓢飲、陋巷自樂的顏淵一支儒家分流最爲切合，所以錢先生才會作出「墨子起於孔門顏、閔」的推論。而墨家之起，係「儒者偏重政治，墨者偏重民生。……。故一（儒家）主禮，一（墨家）非禮。一（儒家）主仕進，一（墨家）主隱退。」〔註52〕又「墨家之學，蓋本孔子批評貴族階級之精神，而爲更進一步之主張耳。此後許行、陳仲、莊周、《老子》書，則又遞爲更進一步之主張。其思想激進，於先秦諸子中可稱左派，而儒家一脈則右派也。」〔註53〕據此，可見墨子的思想裡，本就是接續孔門儒家而又針對其弊病而所發起的改革，故在「非禮」、「隱退」等主張，已萌生出反動儒家的意味了。然而「墨子之反對禮樂，僅求王公大人之強力聽治，一意政事，未嘗反對政治之生活也。至許行倉廩屬民，與陳仲不恃人食之議，乃始確論人類當普遍勞作，而不認有專賴政治爲生活之一級。…莊周、老子書，倡無治之論，乃更爲許、陳進一解矣。故道家之論，實源於墨。」〔註54〕可知，墨子雖反對形式的禮樂，但並不反對有層級劃分的政治社會；到了許行、陳仲，才對

43。

〔註47〕見錢穆，《國學概論》，頁59。

〔註48〕錢穆，《莊老通辨・自序》，頁9。

〔註49〕劉安撰、高誘注，《淮南子・要略》（臺北：中華書局據武進莊氏本校刊，1981），收入《四部備要》，卷21，頁6，下。

〔註50〕見錢穆，《國學概論》，頁32。

〔註51〕見錢穆，《墨子》，收入《錢賓四全集》第6冊，頁32。

〔註52〕見錢穆，《國學概論》，頁59。

〔註53〕見錢穆，《國學概論》，頁43。

〔註54〕見錢穆，《國學概論》，頁47。

政治社會起了反動，有了反對政治生活的聲音；而至莊周，則是再將墨子的主張、許陳的想法更進一步的加以發揮，即取墨子的「反對禮樂」再加上許、陳的「反對政治生活」，就成了道家的主張了。因此，說莊周源於墨家，其實是指墨家是莊周承繼孔門顏氏的樞紐，莊周的思想根源，仍可看出有孔門顏氏之痕跡。其中線索，因為莊周在政治上的態度，是傾向於隱退論，這時人生界對莊周來說也就不是那麼重要了，所以錢穆先生才會說：「孔孟楊墨，其實全都偏在人生界，莊子思想卻能更多注意到宇宙界。」〔註55〕這一由人生界過渡到宇宙界的思想轉向之演變歷程，綜觀其間的遞嬗關係，吾人可建構出錢先生的思維，即墨子源於儒門的簡約淡薄，莊周之學又吸收了墨家的簡約淡薄，並將此種態度，擴及於人事上，故而能將儒墨所關注著眼的人事界，不去執著沾滯，進一步將視角轉移到宇宙界，開創出道家。這種論述系統，再尋究上述從孔子到莊子的整個時代背景的脈絡演進作為佐證，吾人就不難看出為何錢穆先生提出莊子係承繼孔門顏氏的這一說法了。

第三節　後出轉向：莊子思想與孔門有別

　　雖說莊子思想承繼於孔門的顏氏，但畢竟與孔門有所差異，錢穆先生特指出儒墨與莊周對「道」的不同認知，他說：

　　　　……莊周與儒墨兩家，在道字的觀念上，亦顯見有不同。儒墨兩家，似乎都於人道之上又別認有天道。而莊周之於道，則更擴大言之，認為宇宙一切物皆有道，人生界則僅是宇宙一切物中之一界，故人生界同亦有道，而必綜合此人生界之道，與夫其他宇宙一切物之道，乃始見莊周思想中之所謂天道焉。故儒墨兩家之所謂天道，若較莊周為高出，而莊周之所謂天道，雖若較儒墨兩家為降低，實亦較儒墨兩家為擴大也。〔註56〕

錢穆先生此段話，吾人可作此解讀，即儒墨視天道是在於人道之外的，而莊周則將「道」加以擴大，使宇宙與人生都在天道所包涵的範疇裡；如此一來，莊周所謂天道，雖是降低了儒墨兩家的標準，亦是將儒墨兩家的「道」給擴大了。故此，錢先生則更進一步解釋言：

　　　　今若謂道者乃一切之標準，則莊周思想之於儒墨兩家，實乃以一種解放的姿態而出現。因莊周把道的標準從人生立場中解放，而普遍歸之於宇宙一切物，如是則人生界不能脫離宇宙一切物而單獨建立一標準。換言

〔註55〕見錢穆，《中國思想史》（臺北：學生書局，1988年），頁37。
〔註56〕見錢穆，《莊老通辨》，頁115。

之，即所謂道者，乃並不專屬於人生界。驟視之，若莊周把儒墨兩家所懸
人生標準推翻蔑棄，而變成爲無標準。深求之，實是莊周把儒墨兩家所懸
人生標準推廣擴大，而使其遍及於宇宙之一切物。循此推演，宇宙一切物，
皆可各自有其一標準，而人生亦在宇宙一切物之內，則人生界仍可有其人
生應有之標準也。故莊周論人生，決不謂人生不能有標準，彼乃把人生標
準下儕於宇宙一切物之各項標準而平等同視之。治莊周思想者，必明乎
此，乃始可以把握莊周之所謂天，與其所謂道之眞際也。〔註 57〕

由錢穆先生的這一段話，吾人可作進一步理解，即道對莊周而言，實是將儒墨對道
的認定作一「解放的姿態」呈現而出，也就是莊周將人生界與宇宙界作一統合，而
道所包涵的範疇，則是這一統合體，故乍看之下莊周似乎將道降低了，然從另一方
面作思考，即「莊周把道的標準從人生立場中解放，而普遍歸之於宇宙一切物」，此
種「解放」也就是「把道字的觀念放寬了，同時亦即把道的標準放低了」，〔註 58〕
簡而言之，即莊周所稱的「道」是一個總攝的概念，而道所涵覆的一切物，都在道
的觀照下各自運作無礙。既然道即觀照一切物，自然「在莊周思想中，既不承認有
一首出庶物之天，因亦不承認有一首出群倫之皇帝。既不承認有一本於此而可推之
彼之標準與道，在一切物皆然，則人生界自亦不能例外。如是，則在莊周思想中，
乃不見人生界有興教化與立法度之必要。」〔註 59〕故錢穆先生才說：

> 若依儒墨兩家所揭舉之標準言，則所謂道者，不上屬天，即下屬人。
> 而莊周思想則不然。莊周謂宇宙一切物處皆有道，故宇宙一切物，皆可各
> 有其自身之標準。〔註 60〕

由上論可總結出儒墨與莊對道的不同認知，即儒墨兩家對道的著眼視域，是關注於
「人」這一中心對象而論，對外於人的一切物，則無所觸及；反觀莊子所謂的「道」，
更將「道」的涵蓋面給擴大、豐富了，使得宇宙的萬物，都在「道」的融攝下各有
標準，而不落於被制式化的規範給設限、束縛了。依此邏輯之推演，莊周在政治的
觀點上，必然也將產生了與儒墨的歧異之見，所以錢穆先生才又從政治的思想上點
出了儒墨與莊周兩者的分岔之處，曰：

> 儒家政治思想主德化，所理想之政治領袖，乃居敬行簡以臨其民，恭
> 己南面而已矣。此皆頗近於莊周。莊周著書，似極欣賞孔門之顏淵，彼殆

〔註 57〕見錢穆，《莊老通辨》，頁 115。
〔註 58〕見錢穆，《莊老通辨》，頁 117。
〔註 59〕見錢穆，《莊老通辨》，頁 119。
〔註 60〕見錢穆，《莊老通辨》，頁 117。

即以彼所想像顏淵之私人生活，配合上儒家思想中政治領袖之無爲而憑德
化者，而認爲惟有此一類人物，纔始有應爲帝王之資格也。儒家承繼古經
籍之傳統，復有大畏民志，天視自吾民視，天聽自吾民聽之説，莊周論政
治，亦時有此等意嚮。惟在莊周之宇宙論中，則與儒家有大相違異處。蓋
至莊周而始對古人相傳之天的觀念大經改變，於是彼所想像中之帝王，遂
成爲如接輿口中藐姑射山神人一樣的人物，不復肯弊弊焉以天下爲事矣。
今若僅就其粗跡觀之，則莊周所持之政治理想，若與孔門儒家相距絕遠，
但若觀之於深微，則莊周思想之於孔門儒家、實有其一番蛻化之痕跡，猶
可推尋而得也。〔註61〕

此處可看出錢先生認爲儒家在政治思想方面，是以德治爲主，而德治所表現出來是
「居敬行簡以臨其民，恭己南面而已」的一面，此一態度，則是與莊周相通的。又
雖然莊周著書，透顯出極欣賞孔門顏氏的意味，但這只是就顏淵簡樸淡泊的私人生
活而言，此種簡樸淡泊的態度，還必須再和儒家無爲而憑德化的理念相結合，這一
類人物才有資格應帝王。所以莊、儒對「帝王」的認知，在此則必須再牽涉到莊、
儒兩者對宇宙論的看法。然莊周與儒家的宇宙論終究有別，即「儒墨兩家，皆本於
人事以言天，而莊周則本於天道而言人，此乃其思想態度上一大分別也。」〔註62〕
所以「莊子宇宙論，可總括成兩要義。一曰萬物一體，一曰未始有物。此兩義相足
相成。正因萬物一體，故曰未始有物也。」〔註63〕由此可知，因莊周言萬物一體，
那麼萬物就是一個總的概念，既爲總的一體，那麼身爲「眞人」或「神人」又怎肯
「弊弊焉以天下爲事」呢？是以錢穆先生才言：「當知凡莊子書中之所謂眞人與神
人，皆不肯弊弊焉以天下爲事，又不肯以物爲事，則自不喜儒家之言仁義矣。」〔註
64〕又說：「莊周特不喜言仁義，此則莊子思想之所由異於儒。」〔註65〕從以上兩說
可看出，由於莊周所探索的是宇宙界，而孔孟所言「仁義」乃是屬於人生界之事，
故莊子「不喜言仁義」。就因如此，所以錢穆先生才對莊子的理想政治作一詮釋，曰：

莊子理想中之理想政治，所謂明王之治者，即爲其能與天同道，與天
合德。一切物皆各原於天，但天不自居功，故萬物皆曰我自然。惟其皆曰
我自然，故各自恃而勿恃天。雖有天之道，而莫舉天之名，故使萬物皆自

〔註61〕見錢穆，《莊老通辨》，頁132。
〔註62〕見錢穆，《莊老通辨》，頁114。
〔註63〕見錢穆，《莊老通辨》，頁157。
〔註64〕見錢穆，《莊老通辨》，頁157。
〔註65〕見錢穆，《莊老通辨》，頁148。

喜。明王之治，亦正要使民自恃，使民自喜，而皆曰我自然。如此，則在其心中，更不知有一君臨我者之存在。此君臨人群之明王，則儼然如天之臨，雖有若無，成爲一虛體。虛體不爲一切物所測，亦不爲一切所知。此乃莊周理想人群之大自在與大自由，亦可謂是莊周政治思想中一番主要之大理論，亦竟可謂之是一番無君無政府之理論也。〔註66〕

吾人可由錢穆先生的話，推演出其對莊周政治論思維的邏輯，即莊周雖繼儒而出，然而儒家所重在人生界，人生界有標準可言，故而會對政治作出種種的制度，讓人們在制度中有所規範而不逾矩；然而，現實制訂的種種規範，眞的切合所有人嗎？抑或規範越多，人們心智的造作就越多呢？在當時「禮崩樂壞」的時代背景下，莊周目睹制度規範所帶來的負面影響，故而將視角作一推廣延伸，即從宇宙界「天」的標準來論斷，物物是各自平等無礙。然而「天」這一概念，究竟要如何透顯出「萬物平等無礙」義呢？且看一段錢穆對莊子「天」的理解，曰：

> 莊子也並未否定天，但他把天的觀念提出一解釋。天是什麼呢？天只是氣。只是那氣在化。氣之如何化則不可知。此不可知者，在莊子也仍謂之「天」，謂之「命」。但莊子確已指出了一切只是氣之化。於是在他口裏，卻把古代思想中「天」的一觀念大大地變質了。〔註67〕

由引文中可知，錢穆先生認爲莊子對「天」這一概念，已經作出了部分的詮釋，即所謂的「天」，終究只是「一氣之化」而已。值得注意的，是錢先生認爲莊子將氣化一切不可知的成分，都歸諸於「天」、「命」的看法，他另有申論說：

> 凡宇宙間，一切不得已而不可知者皆是命。實則即是大道之化。此大道之化，則是不得已而又不可知者，此仍是莊子思想與儒家孔門知天知命之學若相異而仍相通之處。〔註68〕

由上文可見，錢先生認爲莊子以宇宙的所有「不得已而不可知」當成是「命」。然而，何謂「不得已而不可知」呢？試看莊子所言：

> 天下有大戒二。其一，命也。其一，義也。子之愛親，命也。不可解於心。臣之事君，義也。無適而非君。無所逃於天地之間。是之謂大戒。是以夫事其親者，不擇地而安之，孝之至也。夫事其君者，不擇事而安之，忠之盛也。自事其心者，哀樂不易施乎前。知其不可奈何而安之若命，德

〔註66〕見錢穆，《莊老通辨》，頁121。
〔註67〕見錢穆，《世界局勢與中國文化》，收於《錢賓四先生全集》第四十三冊（臺北：聯經出版事業公司，1998年），頁116。
〔註68〕見錢穆，《莊老通辨》，頁160。

之至也。〔註69〕

由上文裡，吾人可理解，所謂「不得已而不可知」，係指維繫人間世一切的倫理規範而言。引文中足見莊子並非是要泯除規範的內在事實，而是要取消規範的形式表象，以革除形式表象所帶來的弊病。但要保留規範的內在事實，莊子所採取的主張，則是由「命」這一概念，承載了人間秩序的責任，但「命」是內化於人的意識之中，故錢穆先生言「不得已而又不可知」，莊子也認為「知其不可奈何而安之若命，德之至也」，此當與儒家的禮樂教化以成倫理秩序的應世觀點大相逕庭。

接著，吾人所關心的，是錢穆先生有否再對「天」的論述，作更深入的探討呢？其實，錢先生亦注意到了孔孟與莊周對「天」這一論點的歧異，而作了一番闡發說明，他說：

> 孔孟說的天，雖屬不可知，而還是該敬畏的。現在莊子說，所謂天者只是一氣之化。那一氣之化，卻引不起人心對它的敬與畏。所以孔孟雖並未肯定提出一種宗教信仰之內容與實質，而無害其仍有一種宗教之心情。莊子則真成一個無神論者了。在莊子觀念裏，會消失了人類對宇宙不可知的一種敬畏心情。所以莊子對天雖仍保留了一部份的不可知，但卻已放棄了對天之敬與畏。〔註70〕

既然「天」已不令人畏懼，僅是「一氣之化」，故而宗教意涵就淡薄了許多，所以錢穆先生在解「知天之所為者，天而生也」一句，才引郭象曰：「天者，自然之謂也。」〔註71〕此言「自然」義，錢先生又釋曰：「莊子之所謂自然，不過曰順物之自為變化，不復加以外力，不復施以作為而已。」〔註72〕據此，可知錢先生所理解莊周的「天」即「氣化」，而「氣化」的具體解釋，則為「自然」。所謂「自然」，也就是無有外力介入的約束，沒有任何的人為造作，萬物只要在極尋常的環境當中，就都可以自由自在了。既然如此，人生界不也包括在「自然」當中嗎？然而現實卻為何要有規範、要有帝王？故錢先生深述莊子之意說：

> 在莊子之宇宙觀中，殆無外在於人之神之存在。萬物一體，乃盡由一氣之化，則化外更無所謂神。莊子乃轉以一氣之化為神，由於一氣之化而有人生界，故人生亦稟得有此神。故莊子之所謂神人，其內實涵義，則仍是一真人也。而莊子所理想之真人，則亦僅是能隨順大化而不失其獨化之

〔註69〕見錢穆，《莊子纂箋》，頁32。
〔註70〕見錢穆，《世界局勢與中國文化》，頁117。
〔註71〕見錢穆，《莊子纂箋·大宗師》（臺北：東大圖書，1993年），頁47。
〔註72〕見錢穆，《莊老通辨》，頁411。

真者。〔註73〕

所以莊周主張取消種種的制度，認爲人與萬物是一體並存的，之所以會有差別相，乃是經由「一氣之化」造成。萬物既由「一氣之化」而隨順自然無有一成套制約的標準，人亦處於「氣化」當中，又何嘗會有不同，而蔓衍出種種的禮文桎梏呢？是以由莊子對「天」這一概念來看，錢先生總述其意說：

> 然若更深一層言之，在莊周意中，實亦並無高出於人生界以上之所謂天之一境。莊周特推擴人生而漫及於宇宙萬物，再統括此宇宙萬物，認爲是渾通一體，而合言之曰天。故就莊子思想言之，人亦在天之中，而同時天亦在人之中。以之較儒墨兩家，若莊周始是把人的地位降低了，因其開始把人的地位與其他萬物拉平在一線上，作同等之觀察與衡量也。然若從另一角度言，亦可謂至莊周而始把人的地位更提高了，因照莊周意，天即在人生界之中，更不在人生界之上也。故就莊周思想體系言，故不見有人與物之高下判別，乃亦無天與人之高下劃分。此因在莊周思想中，天不僅即在人生界中見，抑且普遍在宇宙一切物上見。在宇宙一切物上，平鋪散漫地皆見天，而更無越出於此宇宙一切物以上之天之存在，此莊周思想之主要貢獻也。〔註74〕

從上引長文中，可綜觀錢穆先生對莊子「天」的看法，即莊子的天並非外於人生界，而是兼容人與萬物。如從儒墨的角度而言，莊子是把人的地位給降了，但如果從宇宙界立論，他則是將人拉抬到了與「天」同高的地位，如此則是大大的提生人的地位。果能如是，則萬物皆在天的觀照下運行，卻又能無所干擾、自由發展，此種想法則眞可謂是「莊周思想之主要貢獻」了！順著錢先生此種詮釋的邏輯而論，莊周在政治上的主張，自然傾向於不立標準而「能隨順大化」，既不立標準，則「政治事業遂若成爲多餘之一事」〔註75〕了。

總而言之，本節循著錢穆先生對莊周思想之轉向所建構的邏輯推理下，認爲莊周與儒門思想上的差別，可分爲兩個層次理解，而這兩個層次，又是相爲扣合的。此兩個層次，一則爲莊周對「道」的體認不同，即莊周從宇宙界出發，將「道」從儒墨所界定的人生界超拔而出，就此而論，則萬物在「道」的觀照下，當然無有一成然的標準。既然萬物無有標準，吾人可再進一層而論，其實莊子的「道」係由「天」的認知轉化而來，儒墨將人生界與宇宙界區隔開來，並只著重關注於人生界的事，

〔註73〕見錢穆，《莊老通辨》，頁153。
〔註74〕見錢穆，《莊老通辨》，頁114～115。
〔註75〕見錢穆，《莊老通辨》，頁119。

故而定有規範制度、禮文樂章；而莊子的出發點是混同兩者，視兩者皆為天的統攝，故而人生界的種種規範制度、禮文樂章，不需刻意劃分，亦不必將其劃分，因為人生界亦屬萬物之一環，人生界的責任義務，則歸諸於「命」，是「無所逃於天地之間」的潛藏於人的意識當中，也是「氣化」為人所需克盡的職責，就此而論，禮樂自然成了人為造作的枷鎖桎梏，所以「就莊子思想言，天既是一虛無體，則皇帝亦該成為一虛無體，在此虛無體上卻可發生理想政治許多的作用。」〔註76〕據此而言，莊周的政治觀就不似儒家以「堯之為君也！巍巍乎！」〔註77〕的樹立政治典範為要務，而是將國君視為一虛位無私之代表象徵而已了，所以錢先生才說：「故莊子論政，乃承接儒家思想而特將之玄理化。」〔註78〕

第四節　莊老之辨：老子為莊子的承繼者

　　莊子思想既然源於孔門儒家，吾人不禁有所疑問，即老子與莊子的關係，究竟是如何呢？錢穆先生認為，老子是莊子的承繼者，並將莊子思想有所發揮，他舉證曰：

> 莊子書屢言物，而老子書屢言名，屢言象，更不言物。此兩書之顯然異致也。蓋莊子雖屢言於物，然莊子實主未始有物。既謂未始有物，故老子承之，乃改就一切象狀之可名者以為說。此莊老思想大體之不同，亦可以由此而推也。〔註79〕

由引言中，吾人可將錢先生的這段話作此理解，即莊子言「物」，是一個總的概念，意近於「渾沌」；〔註80〕而老子指稱的「名」、「象」，則是一分的概念，意近於「樸散則為器」。〔註81〕故莊子所言的物，錢先生才會作「實主未始有物」理解，而這一主張，又為老子所承，並將之轉為「一切象狀之可名者」。而其間的演變，可細繹出是由「無」到「有」的一種歷程，即「道之衍變，先有象狀，再成具體。」〔註82〕亦即「抽象之通名當在先，個別之物名當在後。」〔註83〕順著此種邏輯理路的推衍，是以可得知老子乃莊子的承繼者。此種遞承之線索，錢穆先生更有進一步的分點論

〔註76〕見錢穆，《莊老通辨》，頁120。
〔註77〕見〔清〕阮元校勘《十三經注疏·論語（8）·泰伯》（臺北：藝文印書館，1989年），頁72。
〔註78〕見錢穆，《莊老通辨》，頁133。
〔註79〕見錢穆，《莊老通辨》，頁10～11。
〔註80〕莊子所言「渾沌」一詞，見錢穆，《莊子纂箋·應帝王》，頁66。
〔註81〕見王弼注，《老子道德經·二十八章》，收入《四部備要》，上篇，頁16，下。
〔註82〕見錢穆，《莊老通辨》，頁10。
〔註83〕見同上註。

述，他說：

> 第一，老子書不再涉及於萬物一體及未始有物之一面。二，老子書少
> 論物化，故雖重言道，而亦少言化。三，於是老子書中道字，乃不復爲一
> 種不得已與不可知。老子書中之道，乃轉爲一種常道，常道則可知。四，
> 老子書不再提及眞人與神人，而重仍舊貫，一稱聖人。蓋莊子書中之所謂
> 眞人神人者，均不以天下爲事，而老子書中之聖人，則仍是有事於天下民
> 物者。此因道既有常而可知，則天下民物仍有可著手處，於是老子思想又
> 轉入於積極。故老子書必當在莊子後，此即其思想先後遞禪轉變一線索
> 也。否則老子既主道有常，確可知，莊子承襲老子，何以又說化無常，不
> 可知？是非承襲，而係翻駁矣。〔註84〕

總觀錢先生所闡發「不再涉及於萬物一體及未始有物」、「少言化」、「道字，乃不復
爲一種不得已與不可知」、「不再提及眞人與神人，而重仍舊貫，一稱聖人」的這些
線索，吾人可發現，其實錢先生皆從上論所言的「先總後分」之思考邏輯出發，再
加以羅列舉證更多的論據來支撐此一論點。其中最重要的補充論證之一，就是舉莊、
老書中言「眞人、神人」與「聖人」的差異。錢先生認爲莊子所言及的「眞人、神
人」，其實蘊含著一種高不可觸、超脫世俗的意味，是以他說：

> 莊子喜言神人眞人，其於物，則屢言物不能傷，物無害者。而老子則
> 常言侯王，於物則言御，言鎮，言以爲芻狗。故莊子雖有應帝王之篇，然
> 其意固常在退避，不若老子之超然燕處，而有取天下之志。〔註85〕

由引文可見，錢先生對莊子理想中的人物，是解讀爲消極的「退避」。此種解讀，則
與「萬物一體」論有著密切的關係。既因爲「萬物一體」，故眞人、神人則視萬物爲
同等。既然同等視之，則萬物各自將「自爾獨化」，關於「獨化」之說，錢先生更從
訓詁的角度考究其義言：

> 郭象注：「卓者，獨化之謂」。就字形言，卓與眞皆從匕，蓋皆指此物
> 之內充自有之化言也。蓋萬物形體，既皆假於外而暫成，而惟其物自身之
> 成毀存亡之一段經歷，即所謂此物之化者，乃始爲此物之所獨擅。故確然
> 成其爲一物，以見異於他物者，實不在其物之體，而轉在其物之化。因惟
> 物之化，乃始爲此物之所獨，此即其物之卓與眞也。故莊子之所謂眞，即
> 指其物之獨化之歷程言。宇宙間固無異物而經同一之歷程以爲化者。莊子
> 之所謂獨化，即指此一段化之歷程，乃爲此一物之所獨有也。換言之，亦

〔註84〕見錢穆，《莊老通辨》，頁160～161。
〔註85〕見錢穆，《莊老通辨》，頁41。

因化之必獨，乃有以見物之相異耳。故亦惟此獨化之眞，乃可謂是此物之
所受乎天，而非可假於外物而有也。〔註86〕

從上論可知，錢穆先生採郭象的注解，認爲「卓」與「眞」的字形都從匕，而「匕」
之意，又是指物體內在的成長變化，並非物體表面現象的改變，所以「化」的眞正
意涵，是「惟其物自身之成毀存亡之一段經歷」，而這種歷程的變化，則可視爲是
「獨」。「獨」所指之意，即謂獨一無二、無可取代，既然萬物有其獨特性，「眞人」
的職責所在，就是去維持其原始獨自發展的本然之性，而非強制的施予一套制度去
加以設限、規範，因此「道」則不必刻意突顯其可知層面，在此眞人、神人就無須
對萬物加以干涉、介入，這時有一很明顯的思考架構產生，即莊子視同如眞人、神
人地位的「應帝王」，必然擺於消極的「退避」角色，而不加以強調其積極的作用。
反觀老子所言的聖人，錢先生說：

老子書中之聖，乃與莊周書中之聖人截然爲異相。…老子亦知社會民
衆之不可輕視，不當輕犯，此亦可謂是老子之高明。然老子心中之聖人，
卻決不肯退隱無爲，又不能淡漠無私，如莊周之所稱道。故曰：「無爲而
無不爲。」「後其身而身先。」又曰：「夫惟弗居，是以不去。」此乃完全
在人事利害得失上著眼，完全在應付權謀上打算也。…彼所想像之聖人，
在其心中，對於世俗間一切雌雄黑白榮辱，不僅照樣分辨得極清楚，抑且
計較得極認眞。彼乃常求爲一世俗中之雄者白者榮者，而只以雌以黑以辱
作姿態，當作一種手段之運使而已。〔註87〕

由前段引文可知，老子是著重於世俗界的積極面，雖說「正言若反」，但反意的言說，
實欲指涉正面的意義，所以錢先生才認爲以雌以黑以辱，只是一種手段的運使，當
中的言外之意，「乃常求爲一世俗中之雄者白者榮者」。是以綜觀莊老兩說，錢先生
考據論證的判斷是「莊周與老子書，顯然甚不同。莊周乃一玄想家，彼乃憑彼所見
之純眞理立論，一切功利權術漫不經心，而老子則務實際，多期求，其內心實充滿
了功利與權術。故莊周之所重在天道，而老子之所用則盡屬人謀也。」〔註88〕又曰：
「莊生之論，由於針對於儒墨是非之辨而發，其意態常見爲反抗，爲懷疑，爲消極，
爲破壞。而老子之論，則繼莊子而深求之，故以承續肯定積極建設者爲多。以此判
之，亦可見老子書之晚出於莊也。」〔註89〕經由上述說法，再加上前論的層層推理，

〔註86〕見錢穆，《莊老通辨》，頁152。
〔註87〕見錢穆，《莊老通辨》，頁132～133。
〔註88〕見錢穆，《莊老通辨》，頁131。
〔註89〕見錢穆，《莊老通辨》，頁41。

因此錢先生才大膽假設的說莊老之關係，是「老子書必當在莊子後，此即其思想先後遞嬗轉變一線索也」。

在此，吾人暫且可作一思考，即老子真的是如錢先生所言「務實際，多期求，其內心實充滿了功利與權術」嗎？有關錢先生對《老子》的詮解，他曾闡述說：

> 莊子天下篇稱老子為古之博大真人…老子這一種意境，確可膺當此博大真的徽號，但還是掩蓋不了他功利打算的精神…莊子天下篇又說他以深為根，以約為紀，那是對老子最扼要的評語。他的心智表現，是最深沉，而又最簡約的。以後中國的黃老之學，變成權謀術數，陰險狠鷙，也是自然的。〔註90〕

又說：

> 故道家常主避其鋒銳，乘其怠疲。甚至於「將欲歙之，必固張之」。
> 這是中國道家深斟人心秘竅以後，所主張的一些權謀與術數。〔註91〕

以上兩說，更可進一步看出，錢先生是從一種權謀、術數的角度，來對《老子》一書加以闡釋。其實，對於《老子》思想充滿權術、謀略的說法，早見於《韓非子‧喻老篇》說：

> 越王入宦於吳，而觀之伐齊以弊吳。吳兵既勝齊人於艾陵，張之於江、濟，強之於黃池，故可制於五湖。故曰：「將欲翕之，必固張之；將欲弱之，必固強之。」晉獻公將欲襲虞，遺之以璧馬；知伯將襲仇由，遺之以廣車。故曰：「將欲取之，必固與之。」〔註92〕

文中將《老子》三十六章說：「將欲歙之，必固張之。將欲弱之，必固強之。」〔註93〕一句，以權術的角度來解之，實有所爭議，試看宋人董思靖解此章說：

> 夫張極必歙，與甚必奪，理之必然。所謂「必固」云者，猶言物之將歙，必是本來已張，然後歙者隨之。此消息盈虛相因之理也。其機雖甚微隱而理實明著，惟以清靜柔弱自處者，不入其機也。〔註94〕

又明代薛蕙亦闡釋此章曰：

> 此章首明物盛則衰之理，次言剛強之不如柔弱，末則因戒人之不可用剛也。豈權詐之術？夫仁義聖智，老子猶病之，況權詐乎？按《史記》陳

〔註90〕見錢穆，《中國思想史》，頁78。
〔註91〕見錢穆，《世界局勢與中國文化》，收入《錢賓四先生全集》第四十三冊，頁3。
〔註92〕見韓非，《韓非子‧喻老第二十一》，收入《四部備要》，卷10，頁2，上。
〔註93〕見王弼注，《老子道德經》，收入《四部備要》，上篇，20頁，下。
〔註94〕見〔宋〕董思靖，《太上老子道德經集解》（北京：中華書局，1985年），頁43。

平本治黃帝老子之術，及其封侯，嘗自言曰：「我多陰謀，道家之所禁，吾即廢亦已矣，終不能復起，以吾多陰禍也。」由是言之，謂老子爲權術之學，是親犯其所禁，而復爲書以教人，必不然矣！〔註95〕

由兩論可知，老子此章的本意，在於闡釋「物盛則衰」的道理，強調柔弱的特質，旨在戒人用剛，如以「權詐」來發揮老子義理，則不免有取義不切之嫌，故而高齡芬才說：「『喻老篇』全篇引歷史故實爲說，理論性甚淺，於老子義理不切，只是世俗技術化的運用。」〔註96〕類似將《老子》作此種權謀解釋的句子，陳鼓應更進一步釐清說：

一般人又以爲老子思想含有陰謀詐術。這是因爲將《老子》書上的一些文句割離了它的脈絡意義而產生的誤解。例如：（1）「無爲而無不爲。」這句話常被解釋爲：表面上不做，暗地裏甚麼都來。事實上，「無不爲」只是「無爲」的效果，即是說，順其自然便沒有一件事做不好。（2）「聖人後其身而身先，非其無私邪！故能成其私。」有些人以爲老子這話是叫人爲「私」的，「無私」只是個手段而已。其實這一章的重點在於說「無私」。聖人的行爲要效法天地的無私意…。一個高位的人，由於機會的便利，往往容易搶先佔有，因而老子喚醒人要貢獻力量而不據有成果，如果能做到退讓無私，自然會贏得人的愛戴。所謂「成其私」，相對於他人來說，得到大家的愛戴；相對於自己來說，成就了個人的精神生命。（3）「古之善爲道者，非以明民，將以愚之。」後人以爲老子主張愚民政策。其實這裏說的「愚」是真樸的意思。老子期望統治者培養出篤實的政風，引導人民以摯誠相處。老子不僅期望人民真樸，他更要求統治者以身作則。…老子以「愚人之心」來讚許聖人的心態，可知「愚人」乃是治者的一個自我修養的理想境界。老子深深地感到人們攻心鬥智、機詐相見是造成社會混亂的根本原因，所以他極力提倡人們應歸真返樸。因而以「愚」（真樸）爲人格修養的最高境界。〔註97〕

又清代魏源《老子本義》亦云：

老子主柔賓剛，而取牝，取雌，取母，取水之善下，其體用皆出於陰，陰之道雖柔，而其機則殺，故學之而善者，則清靜慈祥，不善者則深刻堅

〔註95〕見〔明〕薛蕙，《老子集解》（北京：中華書局，1985年），頁23。
〔註96〕見高齡芬，《王弼老學之研究》（臺北：文津出版社，1992年），頁98。
〔註97〕見陳鼓應，《老子今註今譯》（臺北：商務印書館，1997年），頁10～11。

　　忍，而兵謀權術宗之。雖非其本，而亦勢所必至也。〔註98〕
由上述兩說得知，將《老子》文句以權謀思想解讀，實是一種「己意解之」的片面
觀點，並非《老子》義理的面貌，高齡芬更指出說：

　　　　韓非子在「解老篇」以法術家的觀點來申論老子政治思想，故老子之
　　　　反戰，反政治剝削之理念，全然隱沒不見，所見只是君主的權術、謀略而
　　　　已。〔註99〕

上文之論，明確說出了《韓非子》對《老子》文獻固執一端的詮解，並未將老子的
「反戰」、「反政治剝削」等因素考量進去，才會僅僅是將《老子》的理論視為權謀
學說。而錢穆先生對《老子》理解為「充滿功利與權術」，未嘗不是也落入了此種的
思考模式，而有待再三的商榷。

　　再承接錢先生對莊老先後的論述，他還引證老子「道名並舉」的論點，來加強
老承莊說的論調，其云：

　　　　莊子內篇言名實，猶守舊誼，非有新解。至老子書，所用名字，其含
　　　　義乃與莊子突異。蓋老子又兼採公孫龍思想也。故老子書開首即曰：「道
　　　　可道，非常道。名可名，非常名。」謂天地萬物盡於道，此莊周之說也。
　　　　謂天地萬物盡於名，則公孫龍之說也。兩說絕不同，老子書乃混歸於一。
　　　　此老子書猶較公孫龍為晚出也。老子繼是而曰：「無名，萬物之始，有名，
　　　　萬物之母。」…然以無名為萬物之始，以有名為萬物之母，此種理論，明
　　　　出名家，即前所謂名數的萬物一體論也。而其意尤近於公孫龍。此與莊子
　　　　所倡氣化的萬物一體論，實相違異。〔註100〕

由引文可知，錢先生認為老子首章所言「道」、「名」，實係根據莊子的「道」與公孫
龍的「名」而來。因莊子倡「道」，公孫龍重「名」，而老子必當處兩家之後，方能
將兩說「混歸於一」，如果以思想的演進而論，假設莊在老後，那老子所重乃是一分
解析名的論點，與莊子所主張「萬物一體論」的概念，實無法貫串而是自相矛盾，
這時吾人暫且先看錢先生對老子「以名舉道」的深論補充，他說：

　　　　然莊生之意，僅謂是非各拘於地域，各限於時分，不足以推而廣之，
　　　　引而遠之耳。故曰：「聖人和之以是非，而休乎天鈞，是之謂兩行。」則
　　　　莊生之意，亦不過主異時異地之各有其是，故亦當各行其是而止耳。故莊
　　　　子之論雖弔詭，亦不過為儒墨兩家作調人。至老子則時過境遷，息爭之事

〔註98〕見〔清〕魏源，《老子本義‧論老子》（臺北：商務印書館，1980年），頁5～6。
〔註99〕見高齡芬，《王弼老學之研究》，頁97。
〔註100〕見錢穆，《莊老通辨》，頁82～83。

匪急，而認道之心方眞。於是昔之以名舉實者，乃求以名舉道。〔註101〕
由上論更可見，錢先生再以當時時代背景的變遷，來詮釋老子「以名舉道」的合理性。即因莊子所生長的局面，乃是儒墨並爭之際，所以他僅爲解儒墨之紛爭，而主張「各行其是」，不對「道」有特別的辨明。但是直到老子，他所處環境已不復爲儒墨爭論之世，故而可眞心認道，如此便有了「以名舉道」的論點產生。

　　吾人再回到前段引文所論，其實在公孫龍之前，即有一名家的代表人物，而文中似有略過。又根據錢穆先生的理解，那人也同莊周一樣，在當時是主張萬物一體論的。且看錢先生所言：

　　　　當知當時主張萬物一體論者有兩家。一爲莊周，主氣化言，謂萬物假於異物，託於同體，故謂萬物一體。又一爲惠施，莊子天下篇引惠施厤物之意，曰：「至大無外，謂之大一。至小無內，謂之小一。……大同而與小同異，此之謂小同異。萬物畢同畢異，此之謂大同異。……氾愛萬物，天地一體也。」此乃就名言稱謂之大小異同言。如曰馬，則馬之百體實一體也。如曰天地，則天地間萬物皆一體也。故後世特稱惠施爲名家。惠施此等説法，乃深爲莊周所不取。〔註102〕

從文中所見，得知那人即爲惠施，透過莊、惠的比較，吾人更可摸索出錢先生理解老子「道名並舉」的承襲之輪廓。即莊周言道，惠施言名，兩人都同爲主張「萬物一體論者」。但莊周的「萬物一體論」所指的是形而上的道，而惠施的「萬物一體論」，則是形而下的器，兩人主張雖同，然究其內涵，卻有顯著分歧。又老子必後於此兩家，方能夠將兩家所言的「道」、「名」並舉，兼融形上與形下的層面，是以錢先生才據此而斷言「道名並舉，顯然並承莊惠兩家，而總合以爲説。」〔註103〕然而，試看筆者前論所引的兩段文字，吾人不禁有所疑問，即爲何錢先生在前一段引文直接提及名家的公孫龍，卻忽略了名家的代表惠施？然必須要等到兩段引文相互印證，才將錢先生對老子所論證的「道名並舉」之思路，有一貫串的連接呢？原來錢先生在此另藏玄機，而別有深論，其曰：

　　　　公孫龍尚具體指堅與白爲説，而老子書又特創夷希微三個抽象名詞，謂天地間萬物，皆由此夷希微三者混合而爲一。讀者試平心思之，豈非老子此章，乃匯合莊惠公孫三氏之説以爲説乎？亦豈有老子遠在孔子以前，已有夷希微三別之論，而必遠至公孫龍，始又獨承其説，而再爲離堅白之

〔註101〕見錢穆，《莊老通辨》，頁56。
〔註102〕見錢穆，《莊老通辨》，頁161～162。
〔註103〕見錢穆，《莊老通辨》，頁162。

新說乎？則老子書不僅晚出於莊周，抑猶晚出於公孫龍，亦可見矣。〔註104〕
由上文可知，錢先生認為因老子倡夷、希、微三者，明顯是受了公孫龍「離堅白」
的邏輯思維之影響，即採取分離的方式，將物中的個別元素抽離出來，此種「由總
而分」的痕跡，不僅與前論筆者所理解的邏輯推演若合符節，也進一步證明了老子
「乃匯合莊惠公孫三氏之說以為說」的有力推論。

　　然而，吾人更進一步關切，老子除了融會莊、惠、公孫三家「道名並舉」的思
想外，老子本身是否有其開創之見呢？錢先生對此問題亦有論述，他認為老子的創
見是「道終不可以名舉也。」〔註105〕故云：

　　　　道者非無實，而又不可名，故曰「無狀之狀，無物之象，是謂恍惚。」
　　道樸可以生物實，其中間之過渡則曰「象」，曰「大象無形」，象之與形，
　　一猶樸之與實，其間有微辨。凡老子書所以言道者如此。故莊子之言道，
　　激於當時名實之繳繞，求離實而言之也。老子之言道，病於名之不可以離
　　實，而求重返於實以言之也。故曰「道將自道」，而求重返之實，故曰「有
　　大象」。於是後之辨實事實物之是非者，乃不求之於名，而轉求之於象，
　　此又中國古代學術思想史中一轉變之大關捩也。〔註106〕

由上論可知錢先生的看法是，莊子所重的「道」，係礙於當時儒墨對名實的論辨繳繞
難明，故其實是著眼於「道」抽離於「實」的部分，但老子所言「道」，則已非儒墨
論辨名實難分之際，是以藉由「名」來指稱「道」，然而「道」非僅為虛名，其中有
樸，而「樸者，非實非虛，而為實之本質。實可名，實之本質不可名，故曰『無名
之樸。』」〔註107〕是以吾人可見，老子的「道」將求於返「實」，而所謂「實」，係
指實之不可名狀的本質而言，既無可名狀，但又不得不與之名，故老子則轉謂之為
「象」，是以「後之辨實事實物之是非者」，逕求之於「象」，不再求之以「名」，此
種轉變軌跡，則是濫觴於老子之論見。

　　甚而，他再舉莊、老文中一文義遞嬗之跡以明，錢先生言：

　　　　老子又曰：「大辨若訥，善者不辨，辨者不善，多言數窮，不如守中」，
　　守中者，莊生所謂「得其環中以應無窮，」此皆明承莊子書而言之也。使
　　老子生孔子前，當時儒墨之爭未起，則老子決不遽言及此。〔註108〕

〔註104〕見錢穆，《莊老通辨》，頁163。
〔註105〕見錢穆，《莊老通辨》，頁56。
〔註106〕見錢穆，《莊老通辨》，頁56～57。
〔註107〕見錢穆，《莊老通辨》，頁56。
〔註108〕見錢穆，《莊老通辨》，頁57。

由上論可見，錢先生提出了老子所言「守中」的概念，來說明老承莊說之跡。即「守中」這一概念，乃得自莊子所稱「得其環中以應無窮」〔註109〕之意，因莊子適逢儒墨爭辯之世，為解紛爭，故當「得其環中」，因是因非，不加區辨。而老子「守中」一詞，其實已較「環中」成熟許多，亦即有了一端的定見，認為「辨者不善」，如此一來，老子先以「仲裁者」的身份言「不善」而「守中」，而莊子卻又用「調解人」的思想言「無窮」而「得其環中」，這樣一來成熟的「守中」觀念在先，初萌的「環中」思想在後，如此脈絡，並非繼承，而係自樹一幟、獨闢蹊徑；再加上此種思想的流變，以當時的時代背景而論，假設老子生於孔子之前，儒墨尚未起爭端，老子又何能先以裁定是非的觀點而言「守中」呢？

錢先生經由上論的考證演繹，遂提出己見，言「莊先老後」，並質疑史記所載老聃事蹟，〔註110〕而說：「若謂史記稱老聃，其人其事，未盡可信，老子書五千言，不必定出孔子前，則今老子書中之思想，明與莊周公孫龍宋鈃諸家相涉，其書宜可出諸家後，乃有兼採各家以成書之嫌疑也。」〔註111〕

第五節　莊書之別：《莊子》外、雜篇乃後學所作

由上節所論，可見錢穆先生是採老承莊說的主張。但老子所接續的莊說，畢竟並非《莊子》全書的內容，故錢先生所論述莊子的思想範疇，才僅限於內篇的文獻。至此，吾人又有一疑問提出，即關於莊書外、雜篇的文獻，錢先生究竟是如何看待呢？關於《莊子》外、雜篇的出現時代，錢穆先生的看法，係認為莊書的外、雜篇與內篇的作者與時代並不相同，外、雜篇係莊子的後學所作，其著成年代，不但是在莊子之後，甚而又後於老子書，故錢先生說：

> 試讀莊子外雜篇，則有可以確證其書之出老子之後者。何以知之？因其用字，多本老子，而與莊周違異，故知其必出老子後也。如外雜篇頗多沿用老子德字義，而又以綜合之於儒家之言性命者。在莊周同時，孟子始昌言性善，而莊子內篇七篇固絕不一言及性。至外雜篇始常言性命，此即外雜篇較莊子晚出一顯證。而外雜篇之言道德，則其義猶即言性命也。此皆與老子近，與莊子遠，則老出莊後，豈不甚顯？〔註112〕

由上論得知，錢先生論證莊子外雜篇後於老子的理由，是以訓詁的方式，考究外雜

〔註109〕原文見錢穆，《莊子纂箋·齊物論》，頁13。
〔註110〕所載老聃事蹟，見司馬遷《史記·老子伯夷列傳》，頁720～721。
〔註111〕見錢穆，《莊老通辨》，頁92，
〔註112〕見錢穆，《莊老通辨》，頁178。

篇的用字，係承接於老子，而與莊周迥異。他除了舉了「德」字為例，認為外雜篇的德，係多出於老子之義，並兼融探儒家性命之說以外，還提到莊子內篇所作的年代，與孟子同時，因孟子始言性善，故而莊周不及接觸，因此內篇皆不一言及「性」字，而至外雜篇，則出現了「性命」的用語，故而錢先生曰：「莊子內篇七篇，以及老子五千言，皆不言性字，至莊子外雜篇始屢言之，此亦莊子外雜諸篇較老子書尤晚出之一證也。」〔註113〕即可得證外雜篇的寫作時代是晚於內篇。

又外雜篇所談的「道德」思想，其意義與「性命」接近，所以又進一步可得出外雜篇之思想近老而與莊疏，此又可看出其晚於老子成書年代之證。接著，錢先生羅列舉證了〈庚桑楚〉、〈則陽〉、〈徐無鬼〉、〈達生〉、〈天地〉、〈繕性〉等篇言及「性」字的段落句子加以分析說明，〔註114〕得出了所探究之結論，他說：

其間有會通之於儒義而言者，如庚桑楚，則陽，達生之所說是也。有演繹發揮老子之說而立論者，如天地，繕性兩篇之所言是也。其他外篇言性諸條，則又大率是天地，繕性兩篇之旨耳。〔註115〕

由上論可見，錢先生得出了外雜篇所談及「性」的段落句子之思想，或有會通儒義的，亦有演繹老子學說的，此間現象更透顯出一訊息，即外雜篇的思想並不單一而純粹，是雜揉多家學說而成篇，而這幾家的學說，在莊周並世之時，或有同時，或出其後，絕非莊周之筆可成，從此點而觀之，外雜篇的所出時代，明顯可證非出於莊周之手，係其後學融合諸加說法，託言莊周之名而成。

除此之外，錢先生再以〈駢拇〉、〈馬蹄〉、〈在宥〉、〈天地〉、〈天道〉、〈刻意〉、〈繕性〉等外篇的德性連文並舉者，〔註116〕說明外、雜篇晚於老子之論，其云：

德性連文並舉，而兩字實有分別。蓋德指其所同得，而性指其所獨稟也。故道家有修性反德而復初之說。凡此德字之定義，皆本老子。若莊子內篇七篇中德字，皆不涵此義，而與孔孟之言德者轉相近。…故據是而知外篇之必出於老子成書之後也。〔註117〕

據錢先生之研究，可知外雜篇雖德性連文同舉，實而兩字之義則有別。所指的「德」，即是「同得」，而「性」字，則謂「其所獨稟」，合而言之，「德性」兩字，即是要吾人回復到原始上天賦予吾人自身所同得的本質之狀，亦即老子所言的「復歸於嬰

〔註113〕見錢穆，《莊老通辨》，頁285。
〔註114〕見錢穆，《莊老通辨》，頁285～293。
〔註115〕見錢穆，《莊老通辨》，頁293。
〔註116〕見錢穆，《莊老通辨》，頁293～295。
〔註117〕見錢穆，《莊老通辨》，頁295～296。

兒」、「復歸於無極」、「復歸於樸」之義，〔註118〕然而反觀莊子內七篇的德字，卻不涵此義，所以錢先生才說：「學老莊者，必主反本復初，是即不與化爲人也。若果深究莊子七篇與老子五千言陳義之相異，則此等偏陷，實多本於老子書，而莊子內篇固少此失。」〔註119〕然爲何外篇作者會主回復「原始本初」的思想呢？錢先生言：

外篇作者，既主原始本初者是德是性，而人事行爲，皆屬後起。又人事行爲，可以害德，可以傷性，故遂主即以身與生言性，蓋身與生亦人之最先本初所有也。〔註120〕

由上論可知，外篇的作者主回復「原始本初」的憑藉，即認爲人事的行爲係屬後起所加，非自然本性，甚而足以害德傷性，故應回復到「原始本初」。然而此種論點，係「外篇作者誤謂仁義非人性，此乃老子失道而後德，失德而後仁，失仁而後義之說耳。若果如此說之，則決不能有富有之大業，決不能有日新之盛德。」〔註121〕接著，錢先生再將〈駢拇〉、〈天地〉、〈馬蹄〉、〈胠篋〉、〈繕性〉等諸外篇所提到「德」這一概念的章節語句，〔註122〕加以條分縷析、擘肌分理，得出一輻輳點而曰：

凡此諸條，皆以自然觀點釋道德，蓋即以稟受於天者爲道德也。而又加以一種歷史之演進觀，於是遂成爲世愈古，德愈高，世愈後，德愈衰。此所謂德，皆指一種同德言。此乃一種本始之樸也。愈經人爲，則愈失其本始。故世愈後，則德愈衰。當知此等意識，皆襲自老子，實爲莊子內篇所未有也。然則老子思想之於世事人爲，雖若較莊周爲積極，而其道德觀，文化觀，其歷史演進觀，則實較莊周尤爲消極。則無怪於治老子學者之於世事人爲，乃轉更趨重於權謀術數，轉更輕鄙於德教文化，而一切轉更於以己私功利爲權術，爲嚮往矣。故莊周頗重個人修養，而老子轉向處世權術，此又兩家之異趨也。〔註123〕

由上文可見，錢先生認爲外篇所提到的「德」之概念，皆著眼在自然觀點上，亦即崇尚於原始本初之質，並採取了「歷史演進」之退化觀點，認爲時代愈早，其德愈高，而歷經時間的變遷，其德消損，以致於愈加衰頹。此種構思，係承接了老子「復歸於樸」的這一命題，在莊周的思想裡，並無此想法。因此，如果總結莊、老在「道德」與「人爲」上兩者的差異，可以說在人爲方面，老子是較莊周積極，然在道德

〔註118〕原文見王弼注，《老子道德經・二十八章》，收入《四部備要》，上篇，頁 16。
〔註119〕見錢穆，《莊老通辨》，頁 298。
〔註120〕見錢穆，《莊老通辨》，頁 299。
〔註121〕見錢穆，《莊老通辨》，頁 298。
〔註122〕見錢穆，《莊老通辨》，頁 178～180。
〔註123〕見錢穆，《莊老通辨》，頁 180。

的演進層面上，老子與莊周相較，則是消極了許多。總結上論，錢先生藉著上述的剖析而加以繫連歸納，因而才下了斷語，而說「外篇之必出於老子成書之後也」。

接著，莊子外篇除了德性並言外，也以性命並言，錢先生又探析其中「性命」並言之義，亦可看出外篇晚出於老子之跡，他說：

> 莊子外篇既以德性並言，復以性命並言。凡以性命並言之命字，即猶以德性並言之德字也。蓋就其賦授於天者而言之則曰命，就其稟受於人者而言之則曰德。故其言德言命，即猶之其言天矣。惟老子書屢言德，不言命。莊子內篇七篇屢言命，而非此性命之命，乃人生所遭遇之謂命耳。然則外篇言性命，顯多襲老子，而亦已借用孟子中庸之義。〔註124〕

由上文可知，錢先生在此處指出莊子外篇的「命」，實與德性連文的「德」字同義，亦即所謂的「命德」，是承「德性」連文之義，就是上天所賦予吾人的原始之樸的本質，所區分者，由上天所賦授稱「命」，在吾人所發散出的本質曰「德」耳！又因兩者皆源於天所有，故雖別為言德言命，但都是言天之意。然以外篇「性命」之詞義與莊老兩家來作對照，就老子書而言，其不談命，僅言德，在莊子內篇雖言命，但卻所指並非「性命」之意。故而綜觀外篇所論「性命」，實襲老子之思想，假託《孟子》、《中庸》之義，兼蓄並包而出之學說。

然而，錢先生認為外篇作者輕忽人事，以原始的生與身為性，對後世道家亦產生了本質上的變化，因此他說：

> 凡此皆即以生與身謂性之說也。後世道家循此失而益甚，遂以長生之術為歸真返樸脩性保命之學矣。此尤道家思想之愈歧而愈失其本旨者。而亦可謂其說之承襲於老子書者，尤深於其承襲於莊子之內篇也。〔註125〕

據錢先生說法，可知外篇「以生與身為性」的思想一出，後來道家學者，便執此而愈加闡發，讓道家起了質的變化，另闢了「長生之術」一返樸歸真的蹊徑，與道家思想相形漸遠，而失了莊周真正的要旨。故此，尤可見莊書的外篇，顯然是發揮老子學說之成份居多，甚而過於承繼莊周內篇之思想。

除了上論的字句探析外，錢先生更歸納了外雜篇裡的「精」、「神」等字，〔註126〕進一步以深證「莊子外雜篇，尤晚出於老子，故多糅雜老莊以為言，而猶有可以分別指出者」〔註127〕的這一論點。例如，他指出〈刻意〉篇中「夫有干越之劍者…精

〔註124〕見錢穆，《莊老通辨》，頁296。

〔註125〕見錢穆，《莊老通辨》，頁299。

〔註126〕所舉說名之例，詳見錢穆，《莊老通辨》，頁213～229。

〔註127〕見錢穆，《莊老通辨》，頁213。

神四達並流，無所不極，上際於天，下蟠於地，化育萬物，不可爲象，其名爲同帝。純素之道，唯神是守。守而弗失，與神爲一。一之精通，合於天倫。」一段曰：

> 此處又是精神二字連用，然亦顯指心知言。⋯然此文精神字，若誠指人之心知言，則心知流通，固可以無所不極，然又何以能化育萬物乎？⋯當知刻意篇此節，已羼入老子意，此處精神連文之精字，所指者，不僅是心知之純粹而精一，乃兼指老子書其中有精，其精甚眞意。若詳說之，亦可謂人心之明與神，本由此大氣之元精而來，故曰，一之精通，合於天倫。⋯亦可見此處精字，已兼涵老子書中精字義言之也。然若如此而言，則不僅人心有精神，即天地大自然一切萬物，亦復莫不有精神，而人心之精神，即由天地大自然一切萬物之精神來。此一轉變，則尤所謂引而外之之尤者。而晚周儒家，喜言此。⋯老子書本不重言神，莊子內篇神字，僅指人生界，而歧趨所極，遂以宇宙爲至神，遂謂宇宙間乃有一種精神存在，此在莊子外雜篇，始見此歧趨，而晚周儒家言，亦同有此歧趨矣。〔註128〕

據錢先生上文所論，可知〈刻意〉篇中「精神」兩字的連用，其中的「精」字，顯然已融有老子所謂的「其中有精，其精甚眞」的涵意在，如果「精神」之意，再進而解作「天地自然一切萬物的精神，是人心精神的來源」的話，則是轉變了道家「精神」義，成爲晚周儒者所喜言的話題了；再者，就「神」字而論，莊子內篇的「神」字，僅就人生界而論，等到外雜篇時，才將「神」字歧趨其義，「以宇宙爲至神，遂謂宇宙間乃有一種精神存在」，由此可證此篇當在老子之後，而不能與莊周內篇並世同在。

再者，錢先生又於〈知北遊〉一篇，引了「被衣之告齧缺」曰：「神將來舍」，與「老耼之告孔子」曰：「澡雪而精神」兩段的「神」字作分析，得前段所論之「神」，乃「引而外之也」；而後段所論的「神」，卻指內在的「人之心知也」。可見「一篇之中，所指忽內忽外，此皆晚出之篇之自涵歧義，不能即據莊老原書爲說也。」〔註129〕此外，錢先生又引〈列禦寇〉「明者惟爲之使，神者徵之。夫明之不勝神也久矣。⋯不亦悲乎！」一段，論證外雜篇亦有承襲莊老思想而加以推進，他說：

> 明者，指心之有所照見，神者，指其所照見之無不徵，即其心所照見之必有徵驗應效於外也。今試問人心之明何以能如此？則正因其有神者以爲之主宰耳。儒家重思重知，爲由人以達天。道家重神重明，爲由天以達人。而將此神明二字，連文比說，其事尤晚出於莊老，而始見於莊子之雜

〔註128〕見錢穆，《莊老通辨》，頁221～222。
〔註129〕所論與引文，見錢穆，《莊老通辨》，頁224。

篇。若就後起之體用觀念言，則是神爲體而明爲之用也。故知外雜篇思想，
亦有承莊老而益進益細焉者，不得謂外雜篇語皆於莊老之說僅有承襲而無
所推進也。〔註130〕

可知，此處所論的「神」，是一種體的觀念，表示主體觀照之物，無不信實有徵；而
在此所謂的「明」，即爲一種用的觀念，意爲用以所照見之心，此種思維，雖承道家
重神重明，由天以達人的命題，但亦已有所推進，而變爲道家的「體用」說，非僅
滯留於莊老之論。甚而神明之義，亦可考究出其「後起儒者會通道家」之說，錢先
生更舉證〈天下〉篇「其言關尹老聃，則曰：天地並與，神明往與！」一段的「神
明」連文而論述曰：

> 此皆顯以神明屬外在，分配天地，並以神屬天，明屬地，蓋晚周小戴
> 記諸儒已有說天地爲神者，此乃後起儒家，會通老莊之自然義，而特以神
> 明說自然。今天下篇作者，又據儒義會通於道家言，故所說轉後轉歧，則
> 顯見天下篇之更爲晚出也。〔註131〕

可見，將神明配於天地，而視爲外在所屬，乃是晚周小戴記儒者的論點，〈天下〉篇
的作者，已有意以儒義會通道家而立說，然此論終與莊老之說歧異，故可視爲其晚
出之跡。最後，錢先生將整理出的外雜篇「精」、「神」單字及「精神」連文作一結
論，而說：

> 凡莊子外雜篇言精字，言神字，乃及精神二字連用爲一名詞者…。其
> 間有承襲莊子內篇而來者，亦有承襲老子書而來者，亦有會通老莊之說以
> 爲說者，復有會通後起儒家言而轉以之說老莊者。其爲說不一，其間有高
> 下，有深淺，有得失，殆未可混并合一而確然認其爲是一家之言也。外雜
> 各篇之作者，既難分別詳考，其各篇成書時代之先後，亦無法分別詳定。
> 姑分疏其大概，以待治道家思想之異同演變者細辨焉。〔註132〕

據錢先生的考究，得出莊子外雜篇出現的「精」、「神」字，其意義並不統一，而是
呈現出一種意義相當兼融並包的情況，其間雖有承襲莊子內篇之思想，亦有承襲老
子書中的觀點，甚而出現了會通後起儒家學說，而披以道家色彩的闡釋，足見莊子
外雜篇的文獻，其作者之難以確辨，其時代之無法確認，可想而知，故而莊子外雜
篇則極不可能爲莊周所作。而就其時代而論，錢先生也將精神字作歸納，而說：

> 上論莊子外雜諸篇言精神字，有兩義當特別提示者。一是精神兩字

〔註130〕見錢穆，《莊老通辨》，頁226～227。
〔註131〕見錢穆，《莊老通辨》，頁228。
〔註132〕見錢穆，《莊老通辨》，頁228。

之連用，此在莊子內篇與老子書皆無有。莊老書中，精神兩字，義各有指，不渾并合用也。二則爲精神兩字之所指，始益引而向外，漸以指天地外在之自然界，此在老子書已開其端，而外雜篇則尤顯，至莊子內篇則並無此義。故就精神兩字之使用言，即可知莊子內篇成書最在前，老子較晚出，而莊子外雜篇更晚出，思想演變之條貫，決當如此說之，更無可疑也。〔註 133〕

由上文可知，錢先生認爲精神字在莊子外雜篇中，有兩義是特別需要注意的。其一，是精神兩字連文，此種行文筆法，在老子書及莊子內篇皆無有出現，莊老書裡的精神字，皆各有其義，不相互混用。其二，是外雜篇所用精神字之義，已轉向於外在的大自然之義，此種意義的指涉，在莊子內篇並無可見，然在老子書中已開端倪，顯見外雜篇裡，已汲取了老子思想的養份而自出機杼，非與莊周同時矣！是以綜論莊老的成書年代，錢先生言之有徵的推論，最早出現的文獻是莊子內篇，老子書則晚於莊子內篇，莊子外雜篇又是後於老子書而成章。

錢先生以考據、辨僞、訓詁、繫連等方式，逐章逐句的爬梳分論，探究其中的「精」、「神」、「性」…等字句，以證外雜篇的作者，是「不能確知其書之作者與其著作之年代者」，〔註 134〕這種紮實的研究工夫，再加在「思想線索」的劃分，難怪他說：「所用訓詁考據方法，亦頗有軼出清儒舊有軌範之外者」。〔註 135〕雖說外雜篇的年代終究不能確知，但錢先生還是將其作了一番考究，大約得出外雜篇出現的年代，不啻晚於莊子內篇，甚而晚於老子書，是承續著莊、老思想而將之融合轉化，進而雜有儒道兩家思想揉合痕跡的後起之作，此種研究成果，當歸因於錢先生獨具的論證方式。

小　結

總結以上所論，錢穆先生研究莊子時，質疑《史記》所載「孔子問禮於老子」的合理成分，提出了莊先老後的主張，以義理與考據並行的方式，系統性的爲莊學建構了一套「承先啓後」的邏輯思維，讓莊、老的銜接關係，得到了別開生面的詮釋空間。錢先生大抵以莊周所作《莊子·內篇》係接續孔門儒家而來，又在孔門當中，以顏氏之儒最貼契莊周之說，因此即推測莊周思想，係淵源於孔門顏氏。然而，

〔註 133〕見錢穆，《莊老通辨》，頁 228～229。
〔註 134〕見錢穆，《莊老通辨·自序》，頁 8。
〔註 135〕見錢穆，《莊老通辨·自序》，頁 3。

莊周並非完全踵繼孔門儒家，此間又有一處曲折，就是莊周在延續孔門儒家的這一歷程中，其中還有一承接的樞紐，即孔門到了顏氏，其實已轉爲簞食瓢飲的獨善其身之志，到了墨子，取其儉樸而自成一說。至莊周，又兼融了墨子的儉樸與顏氏的獨善其身，別開蹊徑、獨樹一幟，成了「中國道家思想之開山大宗師」。〔註136〕另外，莊周也將視角給開闊了，他所探討的範疇，並不限於人事，而推展到了宇宙，故而其不重政治制度，不喜言仁義治國，因由宇宙的角度觀人事，萬物係爲一體，而由一氣之成而化。既爲一體，就該任其自由發展而不加以干涉，如此萬物才能各自生存無礙，此爲儒道所歧異之處。又莊子既然源於孔門，莊老兩者關係，其間的牽繫是如何呢？錢先生認爲老子乃是莊子的繼承者，承接著莊子的思想而有所轉變，此種推論的線索，可從莊老兩者思想的流變，係由總而分的一種演變進程來看，舉例而言之，如莊子言「物」，老子卻轉爲「名」、爲「象」，其間「物」是總的象狀，而「名」、「象」卻是分的具體；接著，再以莊老就「名」的論點而論，顯然老子所言的「名」，與惠施、公孫龍的析名辨物之論點相通，故老子言「道名並舉」，否則如果言莊接老說，則莊周爲何反以總的概念，去闡述老學，而與析名辨物的惠施互爲辨難呢？故知老子係融通莊、惠、公孫三家的思想，而晚出於莊周，是以老子銜接莊子的遞嬗之跡，由此可見一般。而上述的這些論據，錢先生都將文獻放在《莊子‧內篇》作推論，至於《莊子‧外、雜篇》，他則認爲是晚於老子而出的文獻，錢先生以訓詁、繫連的方式，將外雜篇的「德」、「性」、「精」、「神」……等字，逐章逐句摘出析論，得出了外雜篇的這些用字，其思想明顯不單純，係兼包了莊、老、晚周儒家的思想，而斷其非出於莊周之作，其年代亦晚於老子。錢先生藉著上論的邏輯思維，將莊子作一系統性的建構，而另尋門徑的獨創一說，讓後人對道家的流變，能再更作深思與探究。

〔註136〕見錢穆，《莊老通辨》，頁1。

第五章　結　論

　　關於錢穆先生對莊子學術的看法，吾人可在他《莊老通辨》裡論莊子的絕大部分，及《莊子纂箋》、《國學概論》、《中國思想史》、《中國學術通義》等書，看出他其實已爲莊子學建構了一套整體的系統論述。即莊子思想之淵源，係承自於孔門的顏氏，所據的理由有三，一是在《韓非子・顯學篇》提到了儒分爲八，其中就有顏氏之儒，可見當時顏氏已成一家之言；二是《易繫傳》成於老子之後，書裡多匯通莊老思想，而其中卻獨稱引顏淵，足見顏氏與莊學有共通處；三是北宋理學家起於周濂溪，他的太極圖說接近於道家，加上易通書又盛稱顏淵，故又可證顏氏與莊子有其相通。

　　此外，他更從思想的遞嬗與時代的背景，證明莊子思想是銜接儒家而起。從思想的遞嬗來看，係因儒家是著重於人生界，而到了莊子則是轉向於宇宙界，此即從「有涯」、「知人之所爲」過渡到「無涯」、「知天之所爲」；再從時代背景而論，孔、墨所處時代，是討論貴族生活如何才能合「禮」，故著重於人生界；而陳、許、孟、莊所處時代，已禮崩樂壞，此時則涉及到了個人出處的「仕」問題，而莊子有鑑於現實的政治制度已無法挽回頹勢的局面，故而才會轉向宇宙界，此間則有其相接合之跡。

　　然而，最後莊、儒之所以會分判爲兩家，則因兩家對「道」內涵有不同的認知，即儒家認爲人道之上別有天道，故而將天、人分開，重視人生界；而莊周則是將天、人都融攝於天道之內，並從宇宙界的視角著眼，將一切物都同一標準視之，因此則無有仁義禮樂、政府制度等的規範，而認爲維繫父子、君臣關係的，僅是「不得已而不可知」的天命，因人之生只是「一氣之化」，故而只要隨順自然即可，此種對「道」的概念，則與儒家有所不同，也因此有儒道分流之故。

　　錢先生提出此說，就可以對《史記》所言：「其要本歸於老子之言」提供了另外一條的思考路線，進而為他「老在莊後」的主張提供了合理的論據。接著，錢先生再由思想上「先總後分」的思想線索，對莊子言「物」，而老子言「名」、「象」，與莊子重視「萬物一體」論，而老子卻不再涉及「萬物一體」，並將「道」由不得已、不可知的層面轉變為一種常道、可知的層面，來推論老子的思想，實是承接著莊子而來，此說恰巧與史記所言相反，而錢先生又旁涉諸子，舉出老子首章開宗明義言「道名並舉」，此種說法實是混同了莊子的「道」與公孫龍的「名」，所以老子當處兩家之後，否則老子所重乃是一種分解析名的論點，而承接他思想的莊子，反卻主張「萬物一體」的概念而對近於老子論名的惠施深所不取，如此豈不自相矛盾，故而老子之學說，實兼包了莊、惠、公孫三家。

　　而在論述莊子思想的文獻，錢先生在注解《莊子纂箋》一書時，就引黃庭堅的注解，說內篇「法度甚嚴」，可以代表莊周思想，至於外雜篇所載，則僅是「解剝斯文耳」，錢先生對《莊子》篇章的看法，係根據了王夫之的分法而來，認為內篇意相連屬，可信為莊子本人之學，至於外雜篇，雖有要言，但思想不純，而為莊子後學所衍，錢先生更以訓詁、繫連的方式，將外雜篇中的「德」、「性」、「精」、「神」等字，逐章逐句的加以摘出析論，而推斷出外雜篇的內容，並非出於莊周之作，乃為道家後學所筆，其中兼包了莊、老兩說，且不乏會通儒家思想之作，如此的說法，則可為莊子的思想，建構出一有別於《史記》所載的獨樹一幟之系統見解。

　　然而，此一莊子思想系統之所以能成立，將牽涉對老子時代背景問題的考察，故而他亦運用了考據與繫連的方法，將老子與老子書分開探討，認為史記所載的老聃，所指其實有三人，一是老萊子，他乃是孔子所見的芸草老人，之所以會被誤認，係因《莊子》書所神其事之故；二是太史儋，因西入見秦獻公，而被秦人神其事而誤為老子；三是楚人詹何，神其事者為晚周小說俗書。而仔細推察三人的年代，錢先生則認為，戰國晚期的詹何，可以是老子書的作者，因老子書所謂的「道名並舉」在莊、惠、公孫之後，又在荀子時就已提到「老子有見於詘，無見於信」(《荀子・天論》)的評述，基於這些因素，恰好與詹何的時代若合符節，故而錢先生才推斷老子書的作者為詹何，如此一來，莊老之思想系統，則能得到重新建構的理論基礎。

　　然而，當錢先生為老子推斷出其人與成書的時代應在戰國末年後，在當時引起了廣泛的討論，其中雖有支持這一說法者，但也有不少學者提出了反面的意見，如胡適在評論錢穆〈關於老子成書年代之一種考察〉一文說：

　　　　此文的根本立場是「思想上的線索」。但思想線索實不易言。希臘思想已發達到很「深遠」的境界了，而歐洲中古時代忽然陷入很粗淺的神學，

至今千年之久，後世學者豈可據此便說希臘之深遠思想不當在中古之前
嗎？〔註1〕

他指出了由「思想線索」去判斷老子書時代先後的不容易，以西方而論，早先的希
臘思想已很發達，可是到了中古歐洲，卻陷入了神學的迷思，足見此種方法並不能
單向思考。接著，胡適又針對錢穆用此種方法論證，主張孔墨在老莊前，加以指出
其誤，他說：

又如先生說：「以思想發展之進程言，則孔墨當在前，老莊當在後。
否則老已先發道爲帝先之論，孔墨不應重爲天命天志之說。何者？思想上
之線索不如此也。」依此推斷，老莊出世之後，便不應有人重爲天命天志
之說了嗎？難道二千年中之天命天志之說，自董仲舒、班彪以下，都應該
排在老莊以前嗎？這樣的推斷，何異於說『幾千年來，人皆說老在莊前，
錢穆先生不應說老在莊後。何者？思想上之線索不如此也？』」〔註2〕

上文胡適更進一步指出，錢穆先生如果以「道爲帝先」是老子所提出，後於老子的
孔墨，不應再反求天命、天志的這一論證，認爲是「思想上之線索不如此」，那麼，
古今以來，人皆認爲老在莊前，此說則已成定論，錢穆先生就不應該提莊在老前了，
如果要問爲什麼？當然也可以歸之於「思想上之線索不如此」了。由此可見，胡適
對思想之線索這一研究方法，是採取質疑的態度，甚而認爲這種方法，是有其危險
性的，因此他才又說：

…從「思想系統」上或「思想線索」上，證明老子之書不能出於春秋
時代，應該移在戰國晚期。…這個方法是很有危險性的，是不能免除主觀
的成見的，是一把兩面鋒的劍可以兩邊割的。…〔註3〕

思想線索是不容易捉摸的。如王充在一千八百多年前，已有了很有力的無鬼之論；
而一千八百年來，信有鬼論者何其多也！如荀卿已說「天行有常，不爲堯存，不爲
桀亡」而西漢，而西漢的儒家大師斤斤爭說災異，舉世風靡，不以爲妄。…最奇怪
的是一個人自身的思想也往往不一致，不能依一定的線索去尋求。…我們明白了這
點很淺近的世故，就應該對於這種思想線索的論證稍稍存一點謹愼的態度。尋一個
人的思想線索，尚且不容易，何況用思想線索來考證時代的先後呢！〔註4〕

〔註1〕見胡適，〈與錢穆先生論老子問題書〉，收入《古史辨（四）》（臺北：藍燈文化，1993
年），頁411。
〔註2〕見胡適，〈與錢穆先生論老子問題書〉，收入《古史辨（四）》，頁412。
〔註3〕見胡適，〈評論近人考據老子年代的方法〉，收入《古史辨（六）》，頁390。
〔註4〕見胡適，〈評論近人考據老子年代的方法〉，收入《古史辨（六）》，頁392～393。

　　胡先生將「思想線索」這一研究方法，比喻成一把兩面鋒利的劍，是可以兩面割的，表示錢先生以此種方法推斷老子書成於戰國晚期，是非常危險的。他舉了王充、荀子的例子，說明早在他們的年代已有不信鬼神的論點了，可是爲何晚於他們的西漢儒家學者，卻仍瀰漫著災異的思想，況且一個人的思想，也有可能前後期不一致，如果了解了此種現象，那麼以此種方法要去考據一書時代的先後，更是困難。除了胡適先生的批評外，葉青也對錢穆以「思想線索」來墨子的主張持反對的意見，他說：

　　　　就「思想線索」而論，他們把各派思想看成絕無相同的體系去了。依
　　　錢穆，尚賢是墨子的主張，所以他以前就不該有人道及。一說道進化，便
　　　是直線的上昇，退化和復歸就不可想像了。〔註5〕

由上論可見，他所持的論點，也與胡適類同，認爲「思想線索」這一研究方法，並不能只作直線的思考方式推論。葉氏更是對錢先生以莊子說「道」，公孫龍說「名」，而說老子書中所提及的「道」、「名」，是後出於莊子、公孫龍的說法不以爲然，他說：

　　　　因爲莊子說道，所以《老子》中的「道可道，非常道」，就是「莊子
　　　之說」。因爲公孫龍說名，所以《老子》中的「名可名，非常名」，就是「公
　　　孫龍之說」。如果有違異的，那便是老子「牽合爲說」。這不是把道的思想
　　　和名的思想看成莊周和公孫龍的專有物麼？而且這種思想是只有後繼沒
　　　有先驅的。更沒有散亂的存在於相隔較遠之著作中的可能。所謂規律性，
　　　是刀切斧斫的形式，沒有一點參差。〔註6〕

由上說可見，葉青認爲如果要將《老子》首章提及「道」、「名」的字句，當成是後出於莊子、公孫龍的證據，這種的邏輯思考，就是規律性的將「道」、「名」視爲是莊子、公孫龍的專有物，而忽視了思想也會有參差的可能性存在。另外，在考據方面，錢先生所使用的方法，也有人加以質疑，如葉青又說：

　　　　仁義對舉，固是孟子的特殊術語。然斷不能說他以前就絕對沒有人使
　　　用過。…譬如「文學」一術語，在現在非常流行，我們不能說《論語》因
　　　此一定要移到二千多年以後纔對。…所以錢穆的「大」、「法」、「自然」等
　　　術語，都沒有證據的價值。〔註7〕

上文指出了特殊術語的使用，並不能只隔斷時空的侷限於當代性，或許之前就已有使用過，只是不普遍，而到了某個時代，可能又蓬勃發展了起來，如「文學」一詞在現在非常普遍，但它的出現，則早在兩千多年的《論語》就有了，葉青以此種邏

〔註5〕見葉青，〈從方法上評老子考〉，收入《古史辨（六）》，頁423。
〔註6〕見葉青，〈從方法上評老子考〉，收入《古史辨（六）》，頁432。
〔註7〕見葉青，〈從方法上評老子考〉，收入《古史辨（六）》，頁432～433。

輯來批判錢先生所使用的「大」、「法」、「自然」等術語，來考據《老子》的成書年
代，都不構成證據的價值。

此外，魏元珪更激烈的指出錢穆在史實考據上的不足，他對錢先生考據（一）
太史儋與老聃；（二）太史儋與詹何；（三）太公任即老聃等說法，反對說：

> 錢氏此種按字義的比附援引法，張冠李戴，曲解字義隨意附會，主觀
> 意願居多，客觀證據不足。以字句分析，音韻附會，強套在人物身上，此
> 所謂考據，實不過文字遊戲，其不足採證明矣，不值辯駁。〔註8〕

又在錢先生「將老子書的作者歸之於詹何」的這一結論上，批評說：

> 按考據在乎史實，不在臆斷，更不能以「則不如歸之詹子之為適也」，
> 錢氏將老子一書定為莊周之後，而老子並非老聃，老聃者非著五千言之作
> 者，諸如此類皆係比附援引、亂涉歷史人物，妄作主觀論斷，其缺乏史實
> 根據自明…〔註9〕

綜觀兩說，可見他對錢穆先生的考據方法並不贊同，且認為錢先生不應該以臆測的
方式，為老子書定一作者，更不能以此觀點，就將老子書斷為在《莊子》之後，如
此將缺乏史實的根據。

接著，在錢穆以「道」的術語，考究《老》在《莊》後，魏元珪也頗有微詞的
說：

> 錢氏按哲學邏輯推論，斷定必須先有人事論然後方有宇宙自然之論，
> 故人事論之「道」在先，自然論之「道」在後，按錢氏此種哲學推理與中
> 國哲學史，西洋哲學史皆相悖，西洋哲學在先蘇時期（Pre-Socratic thought）
> 都是自然哲學思想（Philosophy of　Nature）到了蘇格拉底方始轉入人事
> 論之研究。中國古代亦先談天道、鬼神，到了子產始言「天道遠，人道邇」
> 而著重人事論，並不是如錢氏所說「人事論」淺近者宜在前，「自然論」
> 艱深者當在後，錢氏未諳哲學思維而強作解人，實難成說。〔註10〕

上論舉西洋、中國的哲學思想為例，認為人事與自然的遞嬗，並非先人事而自然，
來質疑「錢穆認為《老子》的『道』是指深遠玄妙的自然界，而孔墨的『道』是從
淺近實質的人事界而發，故《老》在孔墨之後」〔註11〕這一結論的不足據。

〔註8〕見魏元珪，《老子思想體系探索》（臺北：新文豐出版，1997 年），頁 129。
〔註9〕見魏元珪，《老子思想體系探索》，頁 132。
〔註10〕見魏元珪，《老子思想體系探索》，頁 133。
〔註11〕關於錢穆「道」的考究，見其〈關於老子成書年代之一種考察〉，收入《莊老通辨》，
　　　　頁 21～24。

甚而，關於錢先生主張《莊》在《老》前的這一論點，嚴靈峰則更進一步的舉出反證說：

> 又「齊策」曰：「顏斶曰：老子曰：『雖貴必以賤為本，雖高必以下為基。是侯王稱孤寡不穀，是其賤之本與非』。」這文出自老子三十九章。顏斶與齊王同時，亦即與莊子同時，此時老子業已成書，即是成於莊子之前的鐵證。如果此時莊子之書已成，而老子尚未成書，則不應稱「老子曰」，而亦應稱「莊子曰」了。「老子書」成於「莊子書」之前，於此可作斷案。再次：「莊子」「養生主」云：「老聃死，秦失弔之。」「徐無鬼篇」云：「莊子送葬，過惠子之墓。」「列禦寇」云：「莊子將死，弟子欲厚葬之。」可見莊子之成書，不但在老聃、惠施死後，而且在莊周本人死後。這從人的年代的先後看來，亦可證明：老子是先於莊子的。〔註12〕

上論舉出《戰國策・齊策》的一段話，具體的點出當齊宣王的時代，顏斶所語，已有與老子書中的第三十九章吻合，而且名正言順的言「老子曰」，可見在齊宣王之前，老子書已成，又莊子與齊宣王同時代，故而《老子》當早於《莊子》之前；再就《莊子》一書的文獻來看，內篇〈養生主〉明言「老聃死，秦失弔之」，雜篇〈徐無鬼〉又說「莊子送葬，過惠子之墓」，〈列禦寇〉更言「莊子將死，弟子欲厚葬之」，由書中篇目次序所載的文字來看，也明顯可見莊子晚於老聃與惠施，此亦是老子早於莊子之一證。

綜觀上論，錢穆先生考究老、莊的方法與論斷「老在孔後」、「《莊》先《老》後」的結論，不少學者抱持反對的意見，指出錢先生研究的疏失與不足，此種辯論，誠可促使學界對老、莊的探究，開啟了他山之石、可以攻錯的補弊扶闕之作用，但如果在當時要以二分法去遽斷誰是誰非，恐兩方的證據都不足以證明究竟「孔在老前」、「孔在老後」或「《老》在《莊》前」、「《老》在《莊》後」，因當時「竹簡老子」的資料尚未出土，缺乏「二重證據」的有利論據，而錢先生之所以會作「《莊》先《老》後」的推論，係「學術界大都主張，老子在莊子之前，基於這種認識，認為，莊子思想源於老子，莊子對傳統思想持批判態度，而獨推崇老子。持這種觀點的人大都依《史記》關於老莊的記載為立論的標準，而沒有從比《史記》更早的諸子書和先秦思想發展大流出發探討莊子思想淵源。」〔註13〕相反地，錢先生對此種說法產生

〔註12〕見嚴靈峰〈辯老子書不後於莊子書〉，收入《老莊研究》（香港：亞洲出版社，1959年），頁212～213。

〔註13〕見汪學群，《錢穆學術思想評傳》（北京市，北京圖書館出版社，1998年），頁61。

懷疑，進而對莊子思想推本溯源，尋出孔門顏氏爲其發展的源頭，〔註14〕而不同於一般學者的莊承老說。此外，對於孔、老先後的問題，馮友蘭更以醫生診斷盲腸病人爲喻，回應胡適批評其「老在孔後」所說爲「丐辭」，而提出辯駁曰：

> 我本來就說它們「都不免有丐辭之嫌」，我與胡先生不同的就是：我以爲這些證據若只舉其一，則不免有丐辭之嫌，但合而觀之，則不然了。…我的意思只是要說明：一件一件不充分的證據，合起來也未嘗不能成爲一個很充分的證據。我們不能因爲證據一件一件看時不充分，而即斷定它們合起來也一定不充分。〔註15〕

上論所述，即指出如果在沒有絕對確實的證據去斷定一件事實時，那麼就不能避免「丐辭」之嫌，然而假使累積了一件件不充分的證據，其實是可以藉由片面的拼湊，構成一個完整的事實。上論的說法，其實也可以適用於錢先生的「莊先老後」的主張，即在當時沒有十分明確的證據來否認「《莊》先《老》後」前，其實錢先生提出的這些片面的證據，未嘗不能拼湊成一個全面的證據，證明「《莊》先《老》後」的正當性。甚而，熊偉也對胡適提到「思想線索」像「一把兩面鋒的劍可以兩邊割」的妙喻有所見解，他說：

> 真的，史記所記老子世系正是「一把兩面鋒利的劍」，但一把兩面鋒的劍的「兩邊割」，有時候是可以評個鈍銳優劣的。…我們如今本來是處在不能下定論的時代，除非不說話；倘然說話，則除去考一考這兩面鋒的兩邊割，那一邊鈍點，那一邊銳點而外，還有什麼更好的辦法呢？〔註16〕

由上論的說法，更可見在沒有新出土的證據以資佐證下，要判斷老子及老子書究竟是確切處於什麼年代，其實是見仁見智的，只要時人能提出足夠的證據，那麼這兩面鋒的劍，哪邊鈍點？哪邊銳點？終究是無可遽論的。

　　然而，時至今日，由於新資料的出土，錢穆先生的莊、老論點也漸漸需要再修正，戴景賢則點出了此種現象，說：

> 郭店楚墓竹簡本《老子》「絕仁棄義」句作「絕僞棄詐」…示「仁」「義」並稱做爲儒家思想之代表，事確晚出，如錢先生當時學者所認定，故後出之本有此改作。然《老子》書「絕僞棄詐」句，舊傳各本皆作「絕

〔註14〕詳見本論文第四章・第二節。
〔註15〕見馮友蘭，〈讀評論近人考據老子年代的方法答胡適之先生〉，收入《古史辨（六）》，頁412～414。
〔註16〕見熊偉，〈從先秦學術思想變遷大勢觀測老子的年代・校讀後記〉，收入《古史辨（六）》，頁596～597。

仁棄義」…此點本係錢先生主張《老子》書必在《孟子》書後著之一要證，
則此本之發現自必影響《老子》《莊子》成書先後問題之討論…〔註17〕
可見郭店楚簡的《老子》出土後，對學界的影響相當大，如梁啓超據舊本《老子》
的「絕仁棄義」字句，視「這兩字連用，是孟子的專賣品，從前像是沒有的」，〔註
18〕以此認為《老子》晚出於孟子之證，雖然帛書甲、乙本與王弼本均作「絕仁棄義，
民復孝慈」，然而郭店竹簡甲本《老子》這句卻作「絕偽棄詐」，〔註19〕文中將原本
視為孟子專賣品的「仁、義」，換作了「偽、詐」等字，如此一來，即能明顯看出此
證的確有需要商榷之處了。

此外，梁啓超所認為老子書應在戰國之末的另一理由，是老子書中所言「『師之
所處，荊棘生焉，大兵之後，必有凶年』，這一類的話，像是經過馬陵，長平等戰役
的人纔有這種感覺，春秋時雖以城濮、鄢陵……等等有名大戰，也不見死多少人，
損害多少地方，那時的人，怎會說出這種話呢？」〔註20〕梁氏所引老子之言，出於
老子王弼注本第三十章，其原文為：

> 以道佐人主者，不以兵強天下，其事好還。師之所處，荊棘生焉。大
> 軍之後，必有凶年。善有果而已，不敢以取強。果而勿矜，果而勿伐，果
> 而勿驕，果而不得已，果而勿強。物壯則老，是謂不道，不道早已。〔註21〕

而帛書老子小篆本，關於本章則曰：

> 以道佐人主，不以兵強〔於〕天下。〔其事好還，師之〕所居，楚□
> 生之。善者果而已矣，毋以取強焉。果而毋驕，果而勿矜，果而〔勿伐，〕
> 果而毋得已居，是謂〔果〕而不強。物壯而老，是謂之不道，不道早已。
> 〔註22〕

又帛書老子隸書本，對於本章則作：

> 以道佐人主，不以兵強於天下。其〔事好還，師之所處，荊〕棘生之。
> 善者果而已矣，毋以取強焉。果而毋驕，果而勿矜，果〔而毋〕伐，果而
> 毋得已居。是謂果而強。物壯而老，謂之不道，不道早已。〔註23〕

〔註17〕見戴景賢，〈錢穆先生〉，收入《中國歷代思想家》（臺北：商務印書館，1999年），
頁278，注30。

〔註18〕見梁啓超，〈論老子書作於戰國之末〉，收入《古史辨（四）》，頁307。

〔註19〕詳見丁原植，《郭店竹簡老子釋析與研究》（臺北：萬卷樓圖書有限公司，1998年），
頁10。

〔註20〕見梁啓超，〈論老子書作於戰國之末〉，收入《古史辨（四）》，頁307。

〔註21〕見王弼注，《老子道德經》，收入《四部備要》，上篇，頁17。

〔註22〕見河洛圖書出版社編輯部，《帛書老子》（臺北：河洛圖書出版社，1975年），頁43。

〔註23〕見河洛圖書出版社編輯部，《帛書老子》，頁82。

再看郭店竹簡甲本，對於本章則載：

　　　　以道佐人主者，不欲以兵強於天下。善者果而已，不以取強。果而弗
　　伐，果而弗驕，果而弗衿。是謂果而不強。其事好。〔註24〕

上列老子三十章的文字，相爲對照之下，梁氏所言「師之所處，荊棘生焉。大兵之
後，必有凶年」的句子，非但沒有出現在帛書老子之中，甚而連甲本簡文的內容裡
面，也無有所載這些字句，這樣又可讓梁氏所舉的這一理據不攻而自破，而老子成
書於戰國之末的推論，其成立的可能性，勢必又減弱了許多，如此一來，錢先生所
主張的「《莊》先《老》後」，必然也將受到衝擊，而有待修正了。

　　再從錢穆先生所據以探論莊先老後的「思想線索」之研究方法而論，杜正勝提
出了質疑說：

　　　　如果從文獻學來看，錢賓四所條貫的「思想線索」是根據傳世的《老
　　子》第一章開宗明義「道可道」與「名可名」而來的，如果根據《馬王堆
　　帛書》「上德不德」作開宗明義，本章所攻擊的焦點只是「禮」，要找到合
　　適的時代背景，老子所居「思想線索」的位置，放在春秋末年豈不更合理
　　嗎？〔註25〕

以上所論，杜氏認爲若採取不同的材料來解讀，以《馬王堆帛書》的《老子》來看，
此版本開宗明義即言「上德不德」，此句係對「禮」的崩壞而發，然這問題在春秋時
代已甚爲嚴重，故而如同樣以「思想線索」而論，推究其年代至春秋，應更合理。
此論正「指出新資料的重要性，以及『博綜會通』潛在的危險性」。〔註26〕

　　陳鼓應亦認爲「思想線索」此種方法，不免有制式化的套用西方理論之嫌，而
說：

　　　　黑格爾的方法，是先擬定了一套「正—反—合」的框架，再將思想史
　　的發展納入其中，讓思想史按照他所構造的模式來展開。…而中國的一些
　　學者卻將黑格爾的模式拿來套用在中國哲學史上，以爲必是先有孔子的
　　「仁義」，才有老子的「絕仁棄義」；先有孔子的「舉賢」，墨子的「尚賢」，
　　才有老子的「不尚賢」。這是錯誤的。〔註27〕

又說：

────────────

〔註24〕見丁原植，《郭店竹簡老子釋析與研究》，頁43。
〔註25〕見杜正勝，〈錢賓四與二十世紀中國古代史學〉，《當代雜誌》第111期（1995年7
　　　　月），頁79～80。
〔註26〕見杜正勝，〈錢賓四與二十世紀中國古代史學〉，頁80。
〔註27〕見陳鼓應，《老莊新論》（臺北：五南圖書出版，1995年），頁61～62。

…無論是「仁義」與「絕仁棄義」之爭，還是「尚賢」與「不尚賢」
之辯，都是由於西周末期以來禮制文化的種種弊端所引發的，各派都是針
對這種禮制文化而闡述各自不同的觀點。所以並不存在哪個命題在先，哪
個命題在後的問題。現代學者套用黑格爾正反合的命題來說明這一問題，
豈不成了老聃所寫的《老子》這本書，是在看了《論語》、《墨子》之後而
動筆的，這樣就變成了從書本上尋找思想線索，而不是從早已發生的社會
制度本身去尋找思想線索！〔註28〕

以上兩論，雖非針對錢先生而批評，然而卻也指出了以「思想線索」斷定時代先後
的瓶頸，並不能僅是從書本上去尋繹思想線索的前後邏輯，還要兼顧社會制度上的
思想線索，才能避免落入黑格爾「正—反—合」的窠臼。

　　雖然錢先生主張「孔在老前」、「莊先老後」的論點與研究方法，以今日的出土
文獻與研究角度而論，的確是有需要再商榷之處，但杜正勝也體會到了，學術的研
究通常會因所處的時代，而遭遇到侷限的困境，所以他說：

錢賓四的古史重要著作多完成於一九三〇年代，距離今日已過六、七
十年。這期間，中國古代史研究由於新資料的發現以及各種輔助學科的引
進，頗有長足發展，固不能以後來的研究成果作準繩…〔註29〕

上述之論，對錢先生的莊、老研究來說，確是如此。在當時是非難定、真偽不明的
時代，本可有疑古的精神，進一步提出證據，建構一套假說的理論，以推翻古史的
說法。即使結論會因時代變遷而找出新的證據而被更正，然終不能以後來的結果，
全盤否定了錢先生對莊、老的貢獻。戴景賢也說：

錢先生所辨老、莊思想之差異處，此事牽涉中國哲學思惟發展如何
建立一可理解之歷史詮釋，不論《老》《莊》孰先抑後，皆須有所論說，
則錢先生整體說法，就其所提示之問題要點言，仍是學者所不宜輕忽。

〔註30〕

上述所論，更持平的對錢先生研究莊老系統，給予一種正面的評價，認為如果能不
以莊老先後的結果而言，其實錢先生對莊老所提出的一連串問題，是可以構成一個
研究老莊學術的整體，讓後來鑽研老莊的學者，有一個結構性的討論，此種貢獻，
亦有其價值所在。

　　雖然錢先生論斷「老在莊後」的說法受到質疑，但吾人如深察錢先生的用心，

〔註28〕見陳鼓應，《老莊新論》，頁63。
〔註29〕見杜正勝，〈錢賓四與二十世紀中國古代史學〉，頁80～81。
〔註30〕見戴景賢，〈錢穆先生〉，頁269～270。

當知他的此種考據，並不僅僅如崔述、康有爲等人認爲老子晚於孔子，是爲了建立一儒學的權威性而已，〔註31〕進一步言，他是要以史學的眼光，重建一儒學的新定義，吾人且看一段戴景賢對錢穆先生儒學觀的分析：

> 　　所謂錢先生之儒學觀乃以一比較寬鬆，且係變動的方式定義，約有兩層主要特徵。其一爲打破自來嚴格區畫之儒、道分野觀念，此項打破後之觀念，即是認爲：儒家與道家中之莊子於人生義理上不唯有可相通，且係一體之兩面；莊子之學最初亦自孔子於《論語》中所表現之精神來。至於儒家之形上學，如見於《易傳》、《中庸》者，則實際乃儒家之後學有取於莊、老之宇宙觀所創造；並非如後人所信，儒、道兩家思想自始即各有其獨立的形上學來源。如依此說，儒家最初的義理根源，雖藉《論語》中所蘊含之孔子思想之解讀，仍可尋得一確切可以依據的倫理學立場，然此種思惟之哲學架構之完成，實必須有道家思想成分之加入；儒家與道家於日後所形成形上學上之差異，雖係可以有的，卻並非是根源性的。若然，則錢先生對於儒家思想結構特色之說明，將不可能爲一種哲學式之定義。故相對於此，錢先生對於儒家根本性質之討論，毋寧爲一種「學術」式的；前論引敘錢先生語，見有今人較少使用之「儒術」一詞，其間即含有此項意味在。此爲第二層。在此層意義中，儒家之思想發展，雖仍可以以孔子思想，或說孔子所啟示之意義爲核心，然並無一邏輯上必然的途徑；儒學之具體內涵應係以智識發展上所可能，且實際上實現者爲討論之對象。錢先生貫穿整箇中國學術史之思想史詮釋，即是以此爲主軸。綜合以上兩義，亦可說即是錢先生於參與當時以新的史學方法與眼光推倒「經學」位居於傳統儒學中之地位後，爲儒學之歷史存在所提出之新的定義。〔註32〕

上引長文所論，可見錢先生之所以主張「老在孔後」，進而建構「老在莊後」、「莊源

〔註31〕此論參見彭明輝，《疑古思想與現代中國史學的發展》（臺北：商務印書館，1991年），書載：「雖然以捍衛道統著稱的崔述，在《洙泗考信錄》中力辯孔子問禮於老子和著作《老子》書的『老子』是兩回事，康有爲也爲了尊孔的緣故，把《老子》判爲戰國之書。但在這裡我們可以看出有一隻『隱形的手』在控制整個局面。這隻『隱形的手』就是儒學的權威性。如果老子在孔子之前——或者說孔子曾問禮於老子，那麼，老子豈不是比孔子偉大了嗎？這是捍衛儒學道統者所不能接受的。正因如此，在古史辨運動以前，從司馬遷到康有爲，可以說或多或少都受到了儒學權威性的侷限，在有形無形中扼殺了許多本來可能突破的思想發展…」，頁108。文中所論，據此。

〔註32〕見戴景賢，〈錢穆先生〉，收入《中國歷代思想家》（臺北：商務印書館，1999年），頁，248～249。

於儒」的這一連串論點之目的所在，主要是為了弭平儒、道犁劃之疆界，而將兩家之淵源融而為一，如此《論語》的地位雖仍可在儒家尋得一倫理立場的依據，但當中必須要有道家思想成分的加入，雖然儒、道兩家日後在形上學方面有其差異之處，但此種差異，並非是從根源性出發，故而在儒家的發展過程裡，孔子的思想與啟示當然佔有其核心地位，但並非是一邏輯上必然之關係。可見錢先生並非僅僅只是為了將孔子的地位定於一尊，其更重要的學術目的，係以史學的方式，推倒了「經學」在傳統上所位居的地位，而就歷史的脈絡中，為儒學存在的法定地位，重新提出了一個新的定義。

　　雖說由於新出土文獻的證據，錢先生將老子的成書時代判定為戰國晚期，並且後於《莊子》內七篇等這些主張，今日已不再適用，然而吾人如果不論其推論的結果，而深入研究其推論的過程，當知錢先生對莊老的系統建構，則是有其整體性的見解，這也符合錢先生不囿於門戶的學術眼光，甚而錢先生所著的《莊子纂箋》一書，更為莊學的研究，提供了方便之門，雖然《莊子纂箋》裡難免有些值得商榷之處，但學者也指出了此書的優點，而說：

　　　　近人注解（莊子）之多，幾乎可和前數世紀的舊注相持，反使初學的
　　　人為之眼花撩亂，莫知所擇。錢穆先生的「莊子纂箋」出版，正好補救了
　　　這個缺點。不僅如此，此書出版的最大意義，我覺得是它將莊學做了一個
　　　綜合會通的工夫，使歷來對於莊子學說的紛爭，大部份都得到解決，這是
　　　莊學史上的又一個里程碑。〔註33〕

由上所論，可知錢穆先生在研究莊學的成就上，亦是有其值得肯定的地方。

　　總而言之，本論文的撰述思路，是先從《莊子纂箋》的篇目引注作一尋繹，以窮究出錢先生對《莊子》篇目的引注，其實是透露出了他對《莊子》文獻的分判，即錢先生他抽繹出了《莊子》一書的整個文獻結構的大要，認為〈內篇〉為莊子所自作，而這一部分的文獻是早於老子的；然而，〈外〉、〈雜〉篇則是晚於老子的作品，是莊子的後學所作，內容的思想係包含了莊子、老子與晚周的儒家思想。如此，老、莊思想的銜接性即可有懷疑的切入點，是以錢先生再進一步地為道家的思想探源，而作《莊老通辨》，得出道家的思想，實濫觴於承襲孔門顏淵的墨家而來，然道家的始祖要推莊子，不能歸於老子，因為莊子與顏淵的關連最為密切，原因在於《莊子·內篇》中屢屢提到孔子、顏淵，並有意識的對顏淵加以褒揚，可知莊子與顏淵的關係匪淺，故而道家思想銜接的系譜，當是「莊先老後」。然而莊子最後會從孔門分派

<hr>

〔註33〕見陳重文，〈莊子之學和錢穆的莊子纂箋〉，《出版月刊》第七期（1965年12月），頁33。

出來，因莊子並不把人與天作區隔，甚而從天道的視角看人世，這樣就把春秋時代重視人的思想，引導到強調天的論調。其後，老子的崛起，則是先言天道，〔註34〕再言人世，〔註35〕而老子之所以論述人世，乃是針對於當時的社會亂象而發，故而老子有「反者道之動，弱者道之用」，即教人要守柔，教人要貴弱，此種思想當是承接莊子的由人而天，再轉天而言人，如此「莊先老後」不但有文獻爲依據，在思想的遞嬗方面，亦有其跡象可循，而不致流於虛談無根。

雖因近代郭店楚簡的問世，錢先生「莊先老後」的這一論點，已有相當大的可議空間，然而吾人如深究其中的貢獻，可以肯定的是，錢先生爲莊、老的銜接釐出了一個頭緒，這個頭緒的釐定，主要是想爲先秦諸子建構一系統架構。此種系統架構，就是以儒家的孔子作爲先秦諸子的開端，亦即對先秦社會問題的檢討，是先有儒家正面的積極思想，然後才有墨、道兩家因反對儒家的禮樂而興起的反面思想。這種論點在當時是極具意義性的，因那時有些學者認爲諸子的起源是老子，如胡適先生就是如此主張，而錢先生確立了儒家的孔子爲諸子的開端後，無異對當時主張「老先孔後」的說法，有著廓清的作用，進一步的從史學的淵源性爲儒家樹立一信史地位，而這一信史地位的樹立，即是奠基於「莊源於儒」、「莊先老後」的論點上。所以，如果將他這部分的研究，置之於諸子學的脈絡裡來評估，其中的價值仍舊是瑕不掩瑜、無傷大雅的。

故而本論文的撰述，主要是對錢先生的莊老思想作一脈絡的探尋，期能藉此一連串的演繹闡釋，爲錢先生的莊子學，釐出一梗概的輪廓，冀能提供後人對錢先生諸子學研究的一個參考。

〔註34〕如王弼注，《老子道德經》（臺北：中華書局，1981 年），收入《四部備要》，〈第二十一章〉：「道之爲物，惟恍惟惚。惚兮恍兮，其中有象。恍兮惚兮，其中有物。窈兮冥兮，其中有精。其精甚眞，其中有信。自古及今，其名不去，以閱眾甫。吾何以知眾甫之狀哉？以此。」見上篇，頁 12，上～下。又〈第二十五章〉：「有物混成，先天地生，寂兮寥兮，獨立不改，周行而不殆，可以爲天下母。吾不知其名，字之曰道，強爲之名曰大，大曰逝，逝曰遠，遠曰反。」，見上篇，頁 14，上～下。

〔註35〕如王弼注，《老子道德經》第六十四章：「是以聖人無爲故無敗，無執故無失。民之從事，常於幾成而敗之。愼終如始，則無敗事，是以聖人欲不欲，不貴難得之貨；學不學，復眾人之所過，以輔萬物之自然而不敢爲。」見下篇，頁 18，上。第六十七章「我有三寶，持而保之：一曰慈，二曰儉，三曰不敢爲天下先。慈，故能勇；儉，故能廣；不敢爲天下先，故能成器長。」見下篇，頁 19，上～下。

附錄一：試詮《莊子·內篇》中的應世思想——
從〈大宗師〉眞人理型看莊子入世乎？
出世乎？

一、前　言

　　「逍遙」這一概念，在莊子內七篇中佔有著很重要的地位，可以說是整個莊子哲學的重心所在。〔註1〕然而莊子的逍遙，究竟是要從出世而論呢？亦或從入世來談呢？此爲吾人所待尋求解答的問題。雖然莊子認爲逍遙無待的理想境界爲「至人無己、神人無功、聖人無名」，〔註2〕但吾人則有所疑惑，「至人、神人、聖人」是要絕世而獨立呢？還是應該在現實人世中證成呢？莊子在〈逍遙遊〉裡對這三者的描述，似乎只是略爲點出而已，並無深層的說明。〔註3〕倒是在〈大宗師〉有一段「眞人」的論述，充分涵攝了境界與工夫的兩個層面，詳實的描繪了莊子的理型人物，〔註4〕使莊子「逍遙」的概念不再只侷限於從消極的出世面解讀，反而可以由積極的入世面來詮解，進而達到跡冥無對、體用一如的圓善化境。

　　因此本文所採取探討的程序，在第二節則先論述莊子的眞人理型究竟是呈現出

〔註1〕此說見高柏園，《莊子內七篇思想研究》，（臺北：文津出版社，1992年）其云：「蓋整個莊子哲學之用心，無不在乎消解生命之執著與扭曲，進而成就無待逍遙之化境。」，頁9。

〔註2〕見【清】郭慶藩集釋·謝皓祥導讀，《莊子集釋·逍遙遊》（臺北：貫雅文化事業有限公司，1991年）。在〈逍遙遊〉中先言「智效一官、行比一鄉、德合一君，而徵一國者。」，次言「宋榮子……舉世而譽之而不加勸，舉世而非之而不加沮。」，再言「列子御風而行，泠然善也。」，最後言「至人無己，神人無功，聖人無名。」從文中推究此四種境界，則呈現出一層層遞進的關係，據此，筆者以「至人無己，神人無功，聖人無名」爲最高層的理想境界，頁16～17。

〔註3〕王邦雄認爲以上三句「是既講工夫又描述境界的語句」，此說見《中國哲學論集》（臺北：學生書局，1983年），頁66。但這是經過王邦雄詮釋後所呈現出來的意義，在莊子〈逍遙遊〉的原文裡並無此種論述。

〔註4〕此「理型」一詞，係筆者用來指稱莊子理想人物典型之用語。

何種面相？及此種面相是否與人世間的現實網絡相違背？第三節再探討如果莊子的「眞人」理型必須在現實社會證成，那莊子對人間世的應世態度又是如何面對呢？最後，第四節再申論莊子在面對現實社會時，是否有其困境的存在？假使有其困境，莊子如何來消融塵世之心，以達精神上的逍遙無待之境？透過這一連串問題的論證，筆者希望能爲莊子內七篇詮釋出一條應世之途徑，使其文字的張力可以充分的發揮，而闡發出莊子圓融智慧的義理。〔註5〕

另外，在材料的選取方面，因就目前的學者而論，大體上是認定了內七篇爲莊子所作，而且在文義上也頗具一貫性。〔註6〕所以本篇取材則直間以內篇爲主要論證的材料，不另涉及外、雜篇，以期更貼近莊子的原意。

二、莊子的理型人物——眞人境界

合乎莊子的理型人物爲何呢？順著《莊子》書中原文的脈絡，吾人可以〈大宗師〉的一段長文爲代表，其云：

> 知天之所爲，知人之所爲，至矣。知天之所爲者，天而生也；知人之所爲者，以其知之所知以養其知之所不知，終其天年而不中道夭者，是知之盛也。雖然，有患。夫知有所待而後當，其所待者特未定也。庸詎知吾所謂天之非人乎？所謂人之非天乎？且有眞人而後有眞知。……〔註7〕

> 古之眞人，其狀義而不崩，若不足而不承；與乎其觚而不堅也，張乎其虛而不華也；邴邴乎其似喜乎！崔乎其不得已乎！滀乎進我色也，與乎止我德也；厲乎其似世乎！謷乎其未可制也；連乎其似好閉也，免乎忘其言也。以刑爲體，以禮爲翼，以知爲時，以德爲循。以刑爲體者，綽乎其

〔註5〕本文的詮釋無可避免地會有所預設，誠如帕瑪著、嚴平譯《詮釋學》（臺北：桂冠，1997年）所言：「『不帶偏見和預設』的詮釋企圖最終消失於理解發揮作用的方式中。」頁155。但筆者的目的，旨在求文本在合乎邏輯的適當性前提之下，將其義理作一淋漓盡致的發揮，而不至於只落入單一理解詮釋的窠臼。

〔註6〕如黃錦鋐，《莊子及其文學》（臺北：東大圖書有限公司，1984年）載〈莊子書的考證〉一文，即對內篇不是莊子所作的說法，給予辯駁，而言「可見說莊子內篇不是莊子的作品，是有困難的。大多數的學者都認爲莊子內七篇是莊子的作品。」並舉出羅根澤、褚伯秀、林西仲、蔣復璁的正面論點再加申述，見頁11～17。又王邦雄亦在《中國哲學論集》裡〈莊子其人其書及其思想〉一文列舉胡適、王船山、唐君毅三家講法後，得出「綜合以上三家之說，可知研讀莊子，無論出於文學欣賞或哲學體悟，均以內篇爲主。」見頁53～58。上述註解所論，參見林育慶，《莊子·養生主研究》（嘉義：中正大學中文研究所碩士論文，2000年），頁3。

〔註7〕見郭慶藩，《莊子集釋·大宗師》，頁224～226。

殺也；以禮爲翼者，所以行於世也；以知爲時者，不得已於事也；以德爲
循者，言其與有足者至於丘也；而人眞以爲勤行者也。故其好之也一，其
弗好之也一。其一也一，其不一也一。其一與天爲徒，其不一與人爲徒。
天與人不相勝也，是之謂眞人。〔註8〕

上文莊子開宗明義就點明出了天、人的分際，認爲能夠透徹天人之分，才能算得上
是有眞知。而具備眞知的重要條件，則必須「有眞人而後有眞知」，此處可見莊子的
理型人物，是以「眞人」爲其最高的境界。而「眞人」必須具備何種條件呢？莊子
此處提出了兩個概念，一是「與天爲徒」，一是「與人爲徒」。所謂與天爲徒，即是
人透過了工夫的修養之後，超脫人間的一切對待，達到「遊心於淡，合氣於漠」〔註
9〕的悠遊渾化狀態，此時人的心境，已不受到人間俗事的任何牽扯拘繫，達到了在
精神上完全內斂而不外馳的逍遙化境，此即「知天之所爲，天而生也」的沖曠境界；
而與人爲徒，則是人在現實上作爲一具體的生命存在時，必須依託著某種的樣相來
呈現，不能與現實上有所扞格不通而顯任何的不平相，也就是在人間世的一切政治
網絡、倫理秩序…等現實規範，他都必須去委順實踐，做到了似乎是非常努力去奉
行的一社會實踐者，此即「知人之所爲，以其知之所知，以養其知之所不知」的應
世態度；而「眞人」之境，是當他在委順實踐人間的所有規範時，卻能不受到現實
上的帶累，能保有虛靈照鏡的生命存在，即達到「知天之所爲，知人之所爲，至矣」
的渾然化境。所以當吾人細思其旨時，則發現莊子的眞人境界，並非單純只就其中
的一個面相透顯，而是需要兩者經過渾化圓融的辯證歷程，讓眞人之境能在「與天
爲徒」和「與人爲徒」這兩個概念的融攝下，不再是一相互對立撕扯的破裂狀態，
而是達到一種「其一也一，其不一也一」的圓善境界。〔註10〕

至此吾人不禁有問題產生，即在「與天爲徒」和「與人爲徒」兩者之際，究竟莊
子是應該以何爲先呢？此問題可在同篇的子貢問禮一段隱約透露而出，〈大宗師〉
曰：

莫然有閒而子桑戶死，未葬。孔子聞之，使子貢往侍事焉。【孟子反、
子琴張】或編曲，或鼓琴，相和而歌曰：「嗟來桑戶乎！嗟來桑戶乎！而
已反其眞，而我猶爲人猗！」子貢趨而進曰：「敢問臨尸而歌，禮乎？」
二人相視而笑曰：「是惡知禮意！」子貢反，以告孔子，曰：「彼何人者邪？
修行無有，而外其形骸，臨尸而歌，顏色不變，無以命之。彼何人者邪？」

〔註 8〕見同上，頁 234～235。
〔註 9〕見郭慶藩，《莊子集釋‧應帝王》，頁 294。
〔註10〕以上詮釋參考謝大寧：〈莊子對孔子的評價〉，《中國學術年刊》第十二卷（1991 年，
4 月），一文所理解的「與人無徒」和「與天爲徒」的關係，頁 49。

孔子曰：「彼，遊方之外者也；而丘，遊方之內者也。外內不相及，而丘使女往弔之，丘則陋矣。…子貢曰：「然則夫子何方之依？」孔子曰：「丘，天之戮民也。雖然，吾與汝共之。」〔註11〕

此處所說的「方內之人」可視為同於「與人為徒」一類的入世之人，「方外之人」可視為同於「與天為徒」一類的出世之人。文中的語義似乎在貶抑孔子，認為世俗之禮不足以約束「方外之人」，然經過吾人析論了「真人」的理型後，則發現莊子的理型人物並非只是就「與天為徒」的面相展示，而是需要達到天、人兩者的渾化。然而，這種渾化的境界，從上引原文來看，則可曲折顯出是要落實在「方內之人」才能體驗，因此文中的孔子才會對子貢說：「丘，天之戮民也。雖然，吾與汝共之。」據此，牟宗三因而對這段話詮釋曰：

……。分解地說，「遊方之內」即佛家所謂「世間」，處于跡中，自受跡之拘限而為其所桎梏，此曰天刑，亦曰天之戮民；遊方之外則佛家所謂「出世間」，解脫世間之跡而為至人、神人。若真「內外不相及」，則內跡固無價值，即外本亦無價值。〔註12〕

此處更明白的指出，要達「外本」之境，必須置身於「內跡」之中，亦即要在「與人為徒」中體現「與天為徒」，乃能渾化展現真人理型，否則莊子的真人理型，則將截然二分而失其圓融之境。就此而論，莊子所謂真正的逍遙無待，並非只是就出世的層面透顯，而是更要兼顧到入世的層面，此即類似佛家所說的「煩惱即菩提，菩提即煩惱」之意，亦類似於基督教所稱的「道成肉身」。此論點又可由接續上述〈大宗師〉的對話看出其詮釋的合理性：

子貢曰：「敢問其方。」孔子曰：「魚相造乎水，人相造乎道。相造乎水者，穿池而養給；相造乎道者，無事而生定。故曰：魚相忘乎江湖，人相忘乎道術。」子貢曰：「敢問畸人。」曰：「畸人者，畸於人而侔於天。故曰：天之小人，人之君子；人之君子，天之小人也。」〔註13〕

當子貢聽到了孔子自稱天之戮民後，則問其解決的方法，孔子答：「魚相忘乎江湖，人相忘乎道術。」可見人要在悠遊於道術之中才能解其刑戮。問題是，此道術究竟何指呢？吾人暫且先看〈養生主〉的一段話，其云：

老聃死，秦失弔之，三號而出。弟子曰：「非夫子之友邪？」曰：「然。」

〔註11〕見郭慶藩，《莊子集釋‧大宗師》，頁266～271。又以上引文刪取，依牟宗三，《圓善論》（臺北，學生書局，1996年），頁298～299。

〔註12〕見牟宗三，《圓善論》，頁299。

〔註13〕見郭慶藩，《莊子集釋‧大宗師》，頁272～273。

> 「然則弔焉若此，可乎？」曰：「然。始也吾以爲其人也，而今非也。向
> 吾入而弔焉，有老者哭之，如哭其子；少者哭之，如哭其母。彼其所以會
> 之，必有不蘄言而言，不蘄哭而哭者。是遁天倍情，忘其所受，古者謂之
> 遁天之刑。適來，夫子時也；適去，夫子順也。安時而處順，哀樂不能入
> 也，古者謂是帝之縣解。」〔註14〕

此處秦失哀弔老聃，仍然行「三號而出」的禮法，此時的弟子不免奇怪，認爲秦失
與老聃同爲方外之人，而行方內之禮，如此的號弔，是否能合於方外之人的原則呢？
〔註15〕秦失則認爲是可以的，因爲老子之所以會讓人「不蘄言而言，不蘄哭而哭」，
一定是他自覺的將沖曠之態融入世情之中，所以「適來，夫子時也；適去，夫子順
也。安時而處順，哀樂不能入也，古者謂是帝之縣解。」此處的懸解，就是秦失所
行「三號之禮」的緣故。因爲人要恆在「遁天之刑」裡才能得到懸解，此亦符合於
子輿回答子祀的一段話說：「且夫得者，時也，失者，順也；安時而處順，哀樂不能
入也。此古之懸解。」〔註16〕能如此而可得懸解，不正和「人相忘乎道術」而能解
其天之戮民相若合符節嗎？可知此處「道術」並非遊於方外，而是要在方內體驗世
情，才能夠相忘無待。

再順著〈大宗師〉的文義來解讀，子貢問：「何謂畸人？」孔子則答：「天之小
人，人之君子；人之君子，天之小人也。」此處的「人之君子，天之小人」實應解
作「天之君子，人之小人」，〔註17〕如此方能疏解這一段的意思。文中「君子」、「小
人」乃兩個相對的概念，意謂著兩個撕裂的面相。也就是方外之人乃是一阻斷時間
洪流的絕對相，究竟不是達到圓融無礙的理型，因此文中孔子以「天之小人，人之
君子；天之君子，人之小人」來回答子貢的問題，意在言外的透露出，畸人實未達
「眞人」的理型。以上的對話，雖然是藉由孔子的口吻說出，卻已是滲入了莊子的
思維，而以寓言的手法描繪而出，因此筆者才將此段作爲論證的重心，而視爲是莊
子的看法。〔註18〕然而，莊子究竟如何看待「與人爲徒」的這一個面相呢？此則爲

〔註14〕見郭慶藩，《莊子集釋‧養生主》，頁127～128。

〔註15〕以上的理解，參考郭慶藩，《莊子集釋‧養生主》，頁127～129。

〔註16〕見郭慶藩，《莊子集釋‧大宗師》，頁260。

〔註17〕根據【清】王先謙，《莊子集解‧大宗師》（臺北，三民書局，1985年），在「人之君
子，天之小人」下案「疑複語無義，當作天之君子，人之小人」，頁43。所疑甚是，
今從之。

〔註18〕黃錦鋐，《莊子及其文學》載〈莊子筆下的孔子〉一文言：「本來，莊子一書，都是
有所寄託而言的，書中提到孔子的地方，似貶實褒，似抑實揚。」又言：「莊子有他
自己的思想，顯然不是儒家的思想，他書中屢次提到孔子及孔子的弟子，無非是利
用當時一般人所稱道的人物，來表達自己的思想罷了！」頁106～107。據此，《莊子‧

下節討論的重點。

三、莊子的人間體驗──命限無可逃

承接著以上的推論，莊子對於「與人爲徒」究竟抱持著何種態度呢？在〈人間世〉一篇仲尼回答葉公子高一段話，則可看出其輪廓，書載：

> 仲尼曰：「天下有大戒二：其一命也，其一義也。子之愛親，命也，不可解於心，臣之事君，義也，無適而非君也；無所逃於天地之間，是之謂大戒。是以夫事其親者，不擇地而安之，孝之至也！夫事其君者，不擇事而安之，忠之盛也！自事其心者，哀樂不易施乎前，知其不可奈何而安之若命，德之至也！爲人臣子者，固有所不得已，行事之情，而忘其身，何暇至於悅生而惡死？夫子其行可矣！」〔註19〕

莊子認爲居身在人世間的「與人爲徒」這一面相，有其「不得已」的拘限存在，即現實上有一套社會的機制，以構成其運作的基本動力，而實際上人不能脫離現實而居，是以吾人不禁要問，人在「與人爲徒」的一面要如何自處呢？上引這段話的文意，就爲這一問題作了解答。即莊子認爲人間的一切，不但不必加以隔絕，反而是要「自事其心者，哀樂不易施乎前」，即對人間的種種機制加以委順，展現出一種「知其不可奈何而安之若命」的態度，如此則可謂「德之至也」了。

但此「安之若命」的態度，卻不能以宿命論的觀點來理解，而是莊子意識到人處身於人間世的一種責任感使然，因而必須加以承擔，所以唐君毅先生對此段話解釋說：

> 莊子安命之學之最高表現，則在一屬於盡忠盡孝之任何場合之死生呼吸無可奈何之際，而仍能以孝子對父母之心，承當其在天地間之所遇。
> 〔註20〕

據此，可知莊子的眞人理型，不必只是「出六極之外，而遊無何有之鄉，以處壙琅之野」〔註21〕這類的人，只要能夠隨順著現實的變化而處之泰然，亦是盛德的表現，甚而更高於其上。故在〈德充符〉有一段申徒嘉所言曰：

> 自狀其過，以不當亡者眾，不狀其過以不當存者寡。知不可奈何而安

內篇》中雖屢見以孔子爲主角來闡述義理的對話，但其思想已顯見非儒家的孔子了，而是成了莊子的代言人，是以筆者則將其視爲莊子思想。
〔註19〕見郭慶藩，《莊子集釋・人間世》，頁155。
〔註20〕見唐君毅，《中國哲學原論・導論篇》（臺北：台灣學生書局，1986年），頁549。
〔註21〕見郭慶藩，《莊子集釋・應帝王》，頁293。

之若命，唯有德者能之。……吾與夫子遊十九年矣，而未嘗知吾兀者也。

今子與我遊於形骸之內，而子索我於形骸之外，不亦過乎！〔註22〕

申徒嘉是一位被斷了腳的人，但他卻能夠隨順著人間的變化，不去辯說自己的過錯，且「知不可奈何而安之若命」，此種在「形骸之內」體現的真人之境，不正是「唯有德者能之」嗎？是以此段下成疏云：「夫素質形殘，稟之天命，雖有知計，無如之何，唯當安而順之，則所造皆適。自非盛德，其孰能然！」〔註23〕此外，在同篇的一段話也表現了莊子對現實人世「安之若命」的看法，書載：

死生存亡，窮達貧富，賢與不肖毀譽，飢渴寒暑，是事之變，命之行也〔註24〕

此處郭象解此段云：

其理固當，不可逃也。故人之生也，非誤生也；生之所有，非妄有也。天地雖大，萬物雖多，然吾之所遇適在於是，則雖天地神明，國家聖賢，絕力至知而弗能違也。故凡所不遇，弗能遇也；其所遇，弗能不遇也；凡所不為，弗能為也；其所為，弗能不為也；故付之而自當矣。〔註25〕

郭象此解是以一種肯定人的態度來看待世俗的一切，即人生在世間當盡力而為，所有的際遇，當隨順所處之境而安，故假使是在現實上「絕力而智」的聖人，如果其心智不外馳，仍然是相應於整個莊子應世的思維。就如同「堯讓天下給許由」至「子治天下，天下既已治也」〔註26〕一段下，郭象亦注云：

夫能令天下治，不治天下者也。故堯以不治治之，非治之而治者也。今許由方明既治，則無所代之，而治實由堯。故有子治之言，宜忘言以尋其所況，而或者遂云治之而治者，堯也；不治而堯得以治者，許由也；斯失之遠矣。夫治之由乎不治，為之出乎無為也，取於堯而足，豈借之許由哉！〔註27〕

由上文可知，堯雖然涉及現實社會中接受「天之刑戮」而治天下，然其內心仍然保有其沖曠之態，要將天下讓予許由，可知其心境仍是「與天為徒」的狀態，反觀許由只是脫塵於俗世、超然於物外，現實之情，許由豈能得知，是以有言「子治天下，天下既已治也」一句，實知堯涉世之難，已將沖曠之態融於其中，因此不須再請致

〔註22〕見郭慶藩，《莊子集釋‧德充符》，頁199。

〔註23〕見同上註，在「知不可奈何而安之若命，唯有德者能之。」下成玄英疏。

〔註24〕見郭慶藩，《莊子集釋‧德充符》，頁212。

〔註25〕見【晉】郭象，《莊子注‧德充符》（臺北：藝文印書館，1983年），頁122。

〔註26〕原文見郭慶藩，《莊子集釋‧逍遙遊》，頁22～24。

〔註27〕見郭象，《莊子注‧逍遙遊》，頁20。

天下。據此，堯與許由之行，孰為圓融，顯而可見，是以郭象會言「取於堯而足，豈借之許由哉」，如此不正恰巧貼近於莊子的真人理型，而達於天人運化為一的境界了嗎？依著莊子的真人理型來看，郭象兩解自當相應。可見，莊子對於現實人世的態度，並不是純然只是消極出世的哲學，反而是要安命的立足在人間社會網絡之中，才能體驗「真人」逍遙無待的境界，曾昭旭亦有相似的看法與此說相互發明，其云：

> 要將這從超越的逆覺體證所覺知與理解的「道」再融入日常生活之中。這時問題就變成：如何才融化得進去呢？於此最關鍵的一點就是安命，就是即當下所遇的生命存在方式而肯認之、接納之。……為什麼要如此？即因我們當前所處的境遇，就是唯一真實可能藉以呈顯「道」的境遇。至於其他方式，都是僅存於理念界的抽象概念，它們與「道」的關係都是此疆彼界（因各有界義故）而不能融合的。能與道融合的唯此當前一幾落人生活而具體存在的方式。〔註28〕

上文所說的「道」可與真人理型相互類比，畢竟「真人」還是要在現實社會上所證成的，藐姑射之山的神人，終究只是呈現出一種境界義的描述，僅有提點的功用，亦即心靈上要朝著此方向提升而已，但此樣相卻不能直接的在人世上落實。是以郭象才會又在「肩吾問於連叔曰」至「藐姑射之山，有神人居焉，肌膚若冰雪，綽約若處子」〔註29〕一段注曰：

> 此皆寄言耳。夫神人即今所謂聖人也。夫聖人雖在廟堂之上，然其心無異於山林之中，世豈識之哉？徒見其戴黃屋、佩玉璽，便謂足以纓紱其心矣！見其歷山川、同民事，便謂足以憔悴其神矣！豈知至至者之不虧哉？今言王德之人而寄之此山，將明世所無由識，故乃託之於絕垠之外，而推之於視聽之表耳！〔註30〕

郭象此處更清楚的指出，莊子的「神人」樣相實是一種「託之於絕垠之外，而推之於視聽之表耳」的寄言出意，其用意並非如此。故聖人「雖在廟堂，無異山林。雖心如山林之閑淡，不泯廟堂之俗釋。釋不離本，本不失釋。此其所以為圓境。」〔註31〕而莊子本身似乎也注意到了此種現象，所以他才認為真人的證成是要：

> 以刑為體，以禮為翼，以知為時，以德為循。以刑為體者，綽乎其殺

〔註28〕見曾昭旭，《在說與不說之間—中國義理之思維與實踐》（臺北：漢光出版社，1992年），頁144～145。

〔註29〕見郭慶藩，《莊子集釋·逍遙遊》，頁26～28。

〔註30〕見郭象，《莊子注·逍遙遊》，頁22。

〔註31〕見牟宗三，《圓善論》，頁292。

> 也；以禮爲翼者，所以行於世也；以知爲時者，不得已於事也；以德爲循
> 者，言其與有足者至於丘也；而人眞以爲勤行者也。〔註32〕

「刑禮知德」才是人處身於現實所遭遇到的實際考驗，唯有在「與人爲徒」、「遊方
之內」這一面相體驗現實社會，方有運化俗世之擾以達「與天爲徒」、「遊方之外」
的眞人理型之可能。故在〈德充符〉有一段老子與叔山無趾的對話，約略曲折的透
露出此意，書載：

> 無趾語老聃曰：「孔丘之於至人，其未邪？彼何賓賓以學子爲？彼且
> 蘄諔詭幻怪之名聞，不知至人之以是爲己桎梏邪？」老聃曰：「胡不直使
> 彼以死生爲一條，以可不可爲一貫者，解其桎梏，其可乎？」無趾曰：「天
> 刑之，安可解？」〔註33〕

這段話從表面上的文意來看，無趾可說是一位才全而德不形、與天爲徒的人，他是
本然的超脫了現實一切名聞的圍限，因此在他的角度看來，孔子似乎是未達至人的
境界，因爲孔子不懂得「爲學日益、爲道日損」的道理，〔註34〕而受到了「諔詭幻
怪之名聞」所帶累，因此無趾則產生疑惑，認爲孔子是不知道至人將名聞視爲自己
的枷鎖嗎？老子聽後，則給孔子一個意見，讓他放下現實上的一切對待。這時無趾
卻又馬上回應老子說：「天刑之，安可解？」這句話就表面上來理解，可視爲是「言
其根器如此，天然刑戮，不可解也」，〔註35〕也就是以方外之人的角度來看孔子，
認爲孔子是甘心受到上天的刑罰，而永遠沈淪於現實名聞的拖累，以致於無法達到
逍遙之境。但經過了「眞人」理型的論述後，吾人不妨也可作另一進路的詮解，即
無趾也意識到了現實上命限的問題，他認爲孔子並非未達至人的境界，而是意謂著
孔子在現實中消融了桎梏、束縛，將命限上的壓迫，進而轉化爲幽默與詼諧而能加
以欣賞包容，此時命限的天刑對孔子而言，已非是桎梏的壓迫，而是一審美判斷的
對象了。〔註36〕果能如此則可稱「其一與天爲徒，其不一與人爲徒。天與人不相勝
也，是之謂眞人。」

　　綜觀上述的推論，筆者認爲莊子並非只是「言逍遙乎物外，任天而遊無窮」，〔註
37〕相反的，莊子是要安於社會體制的處於方內才能得其逍遙，若只是要隨物自然而
逍遙於方外，那豈不成了郭象所言：「若謂拱默乎山林之中而後得稱無爲者，此莊老

〔註32〕見郭慶藩，《莊子集釋‧大宗師》，頁234。
〔註33〕見郭慶藩，《莊子集釋‧德充符》，頁204～205。
〔註34〕上論參考牟宗三，《圓善論》，頁295～296。
〔註35〕見王先謙，《莊子集解‧德充符》，頁32。
〔註36〕以上詮釋參考林育慶，《莊子‧養生主研究》，頁79～80。
〔註37〕見王先謙，《莊子集解‧逍遙遊》下註釋，頁1。

之談所以見棄於當塗。」〔註38〕

四、莊子人間世的逍遙──破除心知執取

據上所論，莊子在「與人爲徒」這一面相上，是肯定現實社會所存在的機制，
但要如何透過「與人爲徒」的面相而將「與天爲徒」的面相融攝於其中以達眞人理
型呢？其實莊子也意識到「與天爲徒」和「與人爲徒」兩者要渾化爲眞人理型，畢
竟有其艱難的地方，因此在〈人間世〉裡有一段顏闔問蘧伯玉的話，正說出了其中
的難以拿捏之處，其云：

> 形莫若就，心莫若和；雖然，之二者有患。就不欲入，和不欲出。
>
> 形就而入，且爲顚爲滅，爲崩爲蹶。心和而出，且爲聲爲名，爲妖爲孽。
>
> 〔註39〕

文中的「形莫若就，心莫若和」雖是蘧伯玉教顏闔如何擔任衛靈公太子老師的方法，
但如果連貫著上節所論，此正也是一個人在面臨到「與人爲徒」和「與天爲徒」的
矛盾時，所展現出來的一種最佳狀態。但此狀態畢竟有其難以拿捏的困境存在，即
當人在委順種種人間禮法的當下，一旦「形就而入」，不能守住沖淡曠遠的心靈境界
時，則容易造成顚敗毀滅的危機；相反的，假使吾人心境上已達到了空虛無待的層
次時，又會遭受到「心和而出」的危險，即會被認爲是爲了追求名聲，而招致災禍。
〔註40〕可見這「形莫若就，心莫若和」的狀態，是相當不易達到的。換句話說，如
承接著「眞人」的理型來看，亦即要藉由「與人爲徒」和「與天爲徒」的任何一面
相表現出此狀態是有其困境的。

在「與天爲徒」所遭遇的困境，已如第二節所論，其不能先於「與人爲徒」而
存在，否則莊子的圓善之境則告幻滅，意即「與天爲徒」必須落入「與人爲徒」的
面相中展現。然而，在「與人爲徒」這一面相而言，其困境到底因何而生呢？莊子
則在〈養生主〉中點出：

> 吾生也有涯，而知也無涯。以有涯隨無涯，殆已；已而爲知者，殆而
>
> 已矣。〔註41〕

〔註38〕見同註27。
〔註39〕見郭慶藩，《莊子集釋・人間世》，頁165。
〔註40〕以上詮解參考陳鼓應，《莊子今註今譯・人間世》(臺北：台灣商務印書館，1992年)，
　　　　「蘧伯玉曰」一段註譯，頁141～144。
〔註41〕見郭慶藩，《莊子集釋・養生主》，頁115。

此「知」順著莊子對「與人為徒」所感到的困境，可理解為是「心思逐物無邊」〔註42〕，也就是郭象所注：

> 夫舉重攜輕而神氣自若，此力之所限也。而尚名好勝者，雖復絕督，
> 猶未足以慊其願，此知之無涯也。故知之為名，生於失當而滅於冥極。冥
> 極者，任其至分而無豪銖之加。是故雖負萬鈞，苟當其所能，則忽然不知
> 重之在身；雖應萬機，泯然不覺事之在己，此養生之主也。〔註43〕

假使人一旦不能安於其所處的環境，而沒有止盡的去追求外在的事物，造成「尚名好勝者，雖復絕督，猶未足以慊其願，此知之無涯也。」如此則是在人間世造成危殆的原因。此種境況，可以用王邦雄在《中國哲學論集》分析〈齊物論〉的一段話來相呼應，其云：

> 真君亦必得『假於異物』（大宗師），落在形軀的百骸、九竅，六藏的
> 官能中，而有其人間世的生命旅程。……人之生命的有限與困頓，皆由心
> 知的是非之執與死生之惑而來。故真君之自由無限心的發用，一者為形軀
> 之耳目官覺與其自然之化所牽扯，二者對外在物象與其生滅變異又有所執
> 取，在形軀之拘限與外物之滯陷下，此心已成有執的成心，而非無執的道
> 心了。〔註44〕

此處的「真君」可說是與真人的層次相同，真君的體現必須於形軀之中，即真人的展現必須在與人為徒上一樣，此為展現圓善渾化的首要條件。然而，在形骸或與人為徒的這一面相上，仍是有其危殆之處，此危殆即受「形軀之拘限與外物之滯陷下」而隨物流轉，無法達到「與天為徒」或「真君的道心」。此種現象可舉〈人間世〉中載顏回向仲尼請行一段說明，曰：

> 顏回見仲尼，請行。曰：「奚之？」曰：「將之衛」曰：「奚為焉？」
> 曰：『回聞衛君，其年壯，其行獨，輕用其國，而不見其過；輕用民死，
> 死者以國量乎澤若蕉，民其無如矣。回嘗聞之夫子曰：「治國去之，亂國
> 就之，醫門多疾。」願以所聞思其則，庶幾其國有瘳乎！』仲尼曰：「譆！
> 若殆往而刑耳！夫道不欲雜，雜則多，多則擾，擾則憂，憂而不救。古之
> 至人，先存諸己而後存諸人。所存於己者未定，何暇至於暴人之所行！且
> 若亦知夫德之所蕩而知之所為出乎哉？德蕩乎名，知出乎爭。名也者，相

〔註42〕見宣穎著，王吉輝校，《莊子南華經解‧養生主》（臺北：宏業書局，1977 年），頁
36。
〔註43〕見郭象，《莊子注‧養生主》，頁 71。
〔註44〕見王邦雄，《中國哲學論集》，頁 80～81。

軋也；知也者，爭之器也。二者凶器，非所以盡行也。且德厚信矼，未達
人氣，名聞不爭，未達人心。而強以仁義繩墨之言術暴人之前者，是以人
惡有其美也，命之曰菑人。菑人者，人必反菑之，若殆為人菑夫！……」
〔註45〕

此處的顏回，因為心態上有所執著於臨人以德，而想要去規勸衛君實行政治改革，
但試想一位年輕氣盛的國君會聽顏回所勸嗎？答案顯然是否定的。而這種行徑則是
「名、爭」的濫觴，是以文中的孔子則認為顏回是「德蕩乎名，知出乎爭。名也者，
相軋也；知也者，爭之器也。二者凶器，非所以盡行也。」這樣的態度對人進行勸
說，衛君不但不會接受，反而會讓人以為要害他，如此要去勸說的人不但達不到導
人為善的目的，也反而會遭人傷害。但就儒家的孔子而言，絕對不會認為「德蕩乎
名，知出乎爭」，〔註46〕這暫且不論。此處孔子的思想，可以說就是莊子的代言，
即莊子認為假使不是安時而處順的「與人為徒」，就會帶來了危機，會為了貪名而有
所爭奪，這樣的結果，則會為自己帶來災害。又如同葉公子高出使齊國一段，書載：

葉公子高將使於齊，問於仲尼曰：「王使諸梁也甚重，齊之待使者，
蓋將甚敬而不急。匹夫猶未可動，而況諸侯乎！吾甚慄之。子常語諸梁也
曰：『凡事若小若大，寡不道以懽成。事若不成，則必有人道之患；事若
成，則必有陰陽之患。若成若不成而後無患者，唯有德者能之。』吾食也
執粗而不臧，爨無欲清之人。今吾朝受命而夕飲冰，我其內熱與！吾未至
乎事之情，而既有陰陽之患矣；事若不成，必有人道之患。是兩也，為人
臣者不足以任之，子其有以語我來！」〔註47〕

此處的葉公子高將要出使齊國，但他仍然處於戒慎恐懼的心態，而不能擺脫外在刑
罰（人道之患）與內在精神（陰陽之患）的執取，以達到「為善無近名，為惡無近

〔註45〕見郭慶藩，《莊子集釋·人間世》，頁131～136。
〔註46〕如劉寶楠撰，高流水點校，《論語正義·衛靈公》（臺北：文史哲出版社，1990年）所
載：子曰：「由！知德者鮮矣。」，頁614。孔子都感嘆知道道德的人很少了，又怎麼
會認為「德蕩乎名」呢？又《論語正義·子路》所載：子路曰：「衛君待子而為政，
子將奚先？」子曰：「必也正名乎！」子路曰：「有是哉，子之迂也！奚其正？」子
曰：「野哉由也！君子於其所不知，蓋闕如也。名不正，則言不順；言不順，則事不
成；事不成，則禮樂不興；禮樂不興，則刑罰不中；刑罰不中，則民無所措手足。
故君子名之必可言也，言之必可行也。君子於其言，無所苟而已矣！」，頁517～522。
在此孔子又以「正名」為首要為政之方，因此更不可能認為「德蕩乎名」，雖然莊子
的德與名與儒家的德與名在內涵上並不相同，但卻可知此處並非儒家孔子的思想。
〔註47〕見郭慶藩，《莊子集釋·人間世》，頁152～153。

刑。緣督以爲經」〔註48〕的境界，是以文中的孔子會回答他說：「自事其心者，哀樂不易施乎前，知其不可奈何而安之若命，德之至也。爲人臣子者，固有所不得已。行事之情而忘其身，何暇至於悅生而惡死！」〔註49〕意謂著要他擺落一切內外的所執，達到一種隨順其心的無入而不自得之境，如此則可以是「德之至也」。

談到這裡，我們不禁要問，莊子既然也體認到經驗世界有其成心的沾滯，但身處於其中的人，要如何擺落現實人世的限制而體現「與天爲徒」之境界呢？莊子在〈人間世〉的一段話，則爲此問題做出了解答，書載：

> 若一志，無聽之以耳而聽之以心，無聽之以心而聽之以氣！聽止於耳，
> 心止於符。氣也者，虛而待物者也。唯道集虛。虛者，心齋也。〔註50〕

當人處身於現實人世時，通常會與物相接構，而產生「日夜相代乎前，而莫知其所萌」〔註51〕的困境，因此要能解除外物的拘限，必須在精神上要達到專一而不外馳的狀態，於此第一層的修養則是要破除感官現象的執取，消解其有形的知覺限制。然而除了外在的感官現象之外，人的心知也無可避免的會陷於物象的流轉之內，讓本然的虛靈照鏡之心有所沾滯，而導致師心自用、固執一端，如此則無法隨順萬物而逍遙，因此第二層的修養是要消解心知的執取。在超脫這兩層的拘繫之後，則進而要在達到「聽之以氣」的境界，氣充塞於天地，無所執取，一如〈齊物論〉中所說的天籟一般，是「咸其自取，怒者其誰耶？」〔註52〕的隨順自然之化，所以能夠「虛而待物」。又「『虛而待物』即是爲了善處人間世。物有害生之可能，吾人以虛待之，即虛己以應物，物即在「虛」中化入於道，而與吾人生命交感相通，至此，物害便除。」〔註53〕除此之外，莊子也提出了「坐忘」的修養工夫，其在〈大宗師〉載：

> 墮肢體，黜聰明，離形去知，同於大通，此謂坐忘。〔註54〕

此處「『忘』是爲了統一心靈因去而不返、出而不入所造成的對立與矛盾，包括假我與眞我的對立。忘的工夫使吾人內心統一，精神專一以向道，再進而統合內外之境，求生命之大統一。」〔註55〕當人處於「與人爲徒」時，難免會有形骸上的帶累與分別心的造作，因此要將其擺落而隨順自然，方能「同於大通」。此處的大通，隨本文

〔註48〕見郭慶藩，《莊子集釋・養生主》，頁115。
〔註49〕見郭慶藩，《莊子集釋・人間世》，頁155。
〔註50〕見郭慶藩，《莊子集釋・人間世》，頁147。
〔註51〕見郭慶藩，《莊子集釋・齊物論》，頁51。
〔註52〕見郭慶藩，《莊子集釋・齊物論》，頁50。
〔註53〕見葉海煙，《莊子的生命哲學》（臺北，東大書局，1990年），頁220。
〔註54〕見郭慶藩，《莊子集釋・大宗師》，頁284。
〔註55〕見葉海煙，《莊子的生命哲學》，頁220～221。

「眞人」理型的推衍，可以理解爲「其一也一，其不一也一」的圓融無礙之境，亦即達到消除執著，隨物宛轉之逍遙化境。莊子認爲如能藉由上述工夫修養後，所呈現的姿態，即爲〈應帝王〉中所說：「至人之用心若鏡，不將不迎，應而不藏，故能勝物而不傷。」〔註56〕此時的「與天爲徒」已是內化於形軀之中，如此「眞人」的理型才能充分的展現在人的生命之中，達一圓善的境界。

論證至此，莊子對現實人間的態度，可以「庖丁解牛」一則寓言來代表，曰：

> 庖丁爲文惠君解牛，手之所觸，肩之所倚，足之所履，膝之所踦，砉然嚮然，奏刀騞然，莫不中音。合於桑林之舞，乃中經首之會。文惠君曰：「譆，善哉！技蓋至此乎？」庖丁釋刀對曰：「臣之所好者道也，進乎技矣。始臣之解牛之時，所見無非全牛者。三年之後，未嘗見全牛也。方今之時，臣以神遇而不以目視，官知止而神欲行。依乎天理，批大郤，導大窾，因其固然，技經肯綮之未嘗微礙，而況大軱乎！良庖歲更刀，割也；族庖月更刀，折也。今臣之刀十九年矣，所解數千牛矣，而刀刃若新發於硎。彼節者有間，而刀刃者無厚；以無厚入有間，恢恢乎其於遊刃必有餘地矣。是以十九年而刀刃若新發於硎。雖然，每至於族，吾見其難爲，怵然爲戒，視爲止，行爲遲。動刀甚微，謋然已解，如土委地。提刀而立，爲之四顧，爲之躊躇滿志，善刀而藏之。」文惠君曰：「善哉！吾聞庖丁之言，得養生焉。」〔註57〕

透過此寓言，吾人可理解爲要能如庖丁的無厚之刀刃，並非是將刀刃隱藏起來，而是要在解牛的過程中尋找出有間之處，因此高柏園詮釋曰：

> 庖丁之解牛，一如生命之遊於人間世，解牛而刀刃無割折，猶如生命遊於天地間而不傷。蓋解牛之難，原不在所解之牛之筋骨錯雜，而在其解牛之刃之未得其間。然則何以未能得其間，即在其未能無厚也。而人心之所以厚者，即在人心對善惡名刑之執而已。〔註58〕

故此則寓言總結出莊子的應世態度並非離世而獨立，而是要在「與人爲徒」之際尋求「與天爲徒」之法，此種方法可從庖丁解牛的寓言中理解爲是要尋覓「有間之處」，此「有間之處」依據上論的推衍，也就是藉由心齋、坐忘來消弭心知上的執取，達到一種既超越又內在的運化消融，如此才能化解「與人爲徒」所帶來的弊端，進一步的超脫現實，保有「與天爲徒」的沖曠心境，如此則可謂是「眞人」了！

〔註56〕見郭慶藩，《莊子集釋·應帝王》，頁307。
〔註57〕見郭慶藩，《莊子集釋·養生主》，頁119。
〔註58〕見高柏園，《莊子內七篇思想研究》，頁119。

五、結　語

　　莊子雖未對現實社會建立一套標準價值，然其對人間世的政治網絡、倫理秩序……等現實規範，則是採取一種肯定的態度，因此莊子有〈人間世〉一篇來討論人所面臨的困頓，是以郭象會認為「與人群者，不得離人。然人間事故，世世異宜，惟無心而不自用者，為能惟變所適，而何足累。」〔註 59〕又陳于廷也說：「莊子拯世，非忘世。其為書，求入世，非求出世也。」〔註 60〕通過以上的詮釋推論，看出莊子不僅在〈人間世〉一篇是討論應世的問題，在內七篇裡，亦是透過一種註解的方式，來反映了入世的思想，而莊子之所以不對現實社會提出一套規律，來使其成一有機的運轉，也就是他意識到「其分也，成也；其成也，毀也。凡物無成與毀，復通為一。」〔註 61〕但莊子的「復通為一」亦非只停留在形上的境界，故老莊的同異之處，根據王邦雄先生的闡釋，曰：

> 莊子雖承接了老子所開出的形上之道的價值根源，與政治人生回歸自
> 然無為的理想歸趨，惟並未在形上系統與政治哲學有其進一步的發揮，而
> 專注在生命價值的深切反省，與不斷奔騰上揚的人格修養，一者救老子哲
> 學可能落於貧弱虛空的危機，二者挺起人的價值主體性，將天道之美善，
> 使內在於人的生命人格之中。〔註 62〕

可見莊子所關心的不只是超然於物外的「喪我」之態，更是要如南郭子綦的「吾喪我」之境，即將形上的精神無待融入形下的有限形軀，以隨物宛轉，如此才能達到一真正的逍遙。

　　雖然莊子也體認到在「與人為徒」的這一面相裡終究有其困境，然此困境則可藉由「心齋」、「坐忘」等工夫修養，將「與天為徒」之面相渾化於其中，以達圓善的真人理型。但如果僅僅是處於「與天為徒」的一面，則永遠無法體驗世俗之情，如此的「真人」就只是一掛空的虛相，實無任何意義。因此，誠如林鎮國所言：

> 莊子並非兀然獨立於高山林下，而是涉俗蓋世，與天為徒，亦與人為
> 徒，天人不相勝，一皆攝於道心之圓照中，和光同塵，德充於內而物應於
> 外，釋非徒釋，冥非孤冥，即釋即冥，即冥即釋，釋冥圓融矣。〔註 63〕

〔註 59〕見郭象，《莊子注‧人間世》下註解，頁 78。
〔註 60〕見錢穆，《莊子纂箋‧人間世》（臺北，東大書局，1993 年）下引文，頁 27。
〔註 61〕見郭慶藩，《莊子集釋‧齊物論》，頁 70。
〔註 62〕見王邦雄，《中國哲學論集》，頁 63。
〔註 63〕本段見林鎮國：〈莊子形上世界的描述與圓教系統的完成〉，《鵝湖》第七期（1978年 1 月），頁 21。

果能如此，方能達到莊子所謂的「天地與我並生，而萬物與我爲一」〔註64〕之無礙
圓境。

〔註64〕見郭慶藩，《莊子集釋‧齊物論》，頁79。

附錄二：試解莊子所形構之孔子樣貌

一、前　言

　　《莊子》提及孔子的篇幅，總共有二十一篇，約四十五章。〔註 1〕其中對孔子形象的描繪，則出現了大相逕庭、判若雲泥的現象。孔子在莊子書中所出現的樣貌，主要呈現出了兩種的面向，一種是將孔子視爲「被批判與嘲笑的對象」，另一種則是使孔子「被塑造爲宣揚道家思想的主角」〔註 2〕。這兩種面向的形構，明顯有著歧異性存在，此中的殊途，即一方面既要批駁戲謔孔子，另一方面又要藉孔子來爲自己立說，如此筆法，豈不是自相牴牾、鑿枘難容，而陷於「以子之矛，攻子之盾」的窘境當中嗎？因此本篇文章所要探究的問題，就在於《莊子》書中爲何有此種歧異性的產生？假使莊子是站在一個對立的角度來看孔子，那麼書中的批評與嘲笑是可以理解的；然而既然立場是明顯不同的，那麼又爲何要藉著對立的人來爲自己宣揚道家的理念呢？其中勢必意味著莊、孔在某種意義上，兩者的主張並非截然迥異，而是有其相互重疊之處。

　　因此，本文在處理這一問題所採取的方法，是先對《內篇》與《外雜篇》所提及的孔子形象作一釐清，以明此兩部分的文獻之差異究竟爲何？進而推衍出莊子對孔子的根本態度，究竟是貶抑乎？或褒揚乎？再深究莊子以孔子爲代言對象，其中的深層意義爲何？透過以上的討論，或許可尋繹出莊、孔兩人的關係，究竟是處在對立隔閡的敵對衝突，還是介於承繼推展之延伸狀態？筆者期望藉由本文的詮解，能夠將莊子對孔子所形構的面向，推究出其筆尖的深層蘊義，如此，庶幾可窺先秦

〔註 1〕見莊萬壽〈《莊子》書中的孔子〉，收入於《莊子史論》（臺北：萬卷樓，2000 年），頁 26。
〔註 2〕此兩種形象之提出與析論，見莊萬壽《莊子史論》，頁 25—38。

儒、道在思想史的學術氛圍裡，其發展之軌跡，究竟是呈現了何種脈動的牽繫。

二、孔子樣貌於《內篇》與《外雜篇》有別

在《莊子》的文字裡，很明顯可以發現，莊子是要掙脫當時社會的枷鎖，讓人能不受到外力的牽扯，以回復到生命原始的本眞。徐復觀就曾說：

> 形成莊子思想的人生與社會背景的，乃是在危懼、壓迫的束縛中，求得精神上澈底地自由解放。莊子認爲在戰國時代的人生，受各種束縛壓迫的情形，有如用繩子吊起來（懸），或用枷鎖鎖起來一樣。因爲是（縣）懸，是枷鎖，便很迫切地要求「解縣」，去「枷鎖」。所以，養生主便說「古者謂是帝之懸解」，大宗師便說「此古之所謂懸解也」；德充符便說「解其桎梏。由此可以了解莊子對不自由的情形，感到如何的痛切。〔註3〕

從上文可知，莊子立說的出發點，最終是要解除人們的「倒懸」之苦，然而，在當時爲何會有所謂的「倒懸」之苦呢？細尋其因，主要是那時人們受到了外在形式教條的束縛，使精神受到了壓迫，此種束縛壓迫，墨子就曾直陳其弊而言「繁飾禮樂以淫人」（《墨子・非儒下》）。〔註4〕其實，當時的禮樂，早已失卻了禮樂的本質意義，僅是淪爲徒具形貌的儀式或排場罷了。以喪禮而言，時人認爲「厚葬久喪以爲仁也、義也」（《墨子・節葬下》），卻完全忽略了「喪雖有禮，而哀爲本」（《墨子・脩身》）的終極目的；而當時的所崇尚的「樂」，也只是求其耳目的歡娛而已，已全然失卻了陶冶性情的作用了，是以有所謂「其樂逾繁者，其治逾寡」（《墨子・三辯》）的情形產生。而莊子於《內篇》對孔子的批評與嘲諷，吾人如深思其意，實是欲藉此破除時人沾滯於孔子所提倡的「仁義」、「禮樂」，而忘其「禮云禮云！玉帛云乎哉？樂云樂云！鐘鼓云乎哉？」（《論語・陽貨》）〔註5〕的本質目的。莊子此種的批評、嘲諷，是以一種幾近寓言方式的微指其非，並不至於落到謾罵的程度。然而，《外雜篇》所透顯的孔子形象，則貶抑之詞溢於言表，至於〈漁父〉、〈盜跖〉則是極盡針砭之能事，落入了是非的藩籬之中，如此豈能齊是非而達「自適其心者，哀樂而不能入」的境界呢？因此，雖然《莊子》書中對孔子提出微言的地方，在《內篇》、《外雜篇》都有所涉及，然一般學者多認爲《內篇》應該是出於莊子之手，而《外雜篇》

〔註3〕見徐復觀《中國人性論史・先秦篇》（臺北，商務，1990年），頁389。
〔註4〕本文所引墨子原文，皆見〔清〕孫詒讓著・孫以楷點校《墨子閒詁》（臺北：華正書局，1987年）。
〔註5〕本文所引《論語》原文，皆見《十三經注疏本》（臺北：藝文印書館，1955年）。

則是出於莊子的弟子及其後學所作。〔註6〕據此，本文在探討莊子對孔子的批評與嘲諷時，將分《內篇》、《外雜篇》兩部分作討論，以區分兩部分的文獻，實屬於不同的思維產物。

〔一〕〈內篇〉的批評與嘲諷

要談莊子對孔子的態度之前，如能先瞭解莊子的思想背景，將有助於判定他對孔子是貶抑乎？或褒揚乎？在《史記》裡的〈老莊申韓列傳〉，可說是讓莊子的身影展露一線曙光的原始文獻，書載：

> 莊子者，蒙人也。名周，周嘗爲蒙漆園吏。與梁惠王、齊宣王同時，其學無所不窺，然其要本歸於老子之言，故其著書十餘萬言，大抵率寓言也。作漁父、盜跖、胠篋以詆訿孔子之徒，以明老子之術。畏累虛、亢桑子之屬，皆空語無事實。然善屬書離辭，指事類情，用剽剝儒墨，雖當世宿學，不能自解免也。〔註7〕

據上所見，司馬遷在文字當中，之所以會將莊子視爲是「詆訿孔子之徒」，並認爲其目的是用以「剽剝儒墨」，可知他在解讀《莊子》時，絕大部分的取材都是出自於郭象所歸類的外雜篇，〔註8〕對於《內篇》資料的引用，其成分則相當薄弱。此中不免有幾個疑點需要釐清，即爲何司馬遷對莊子所下的評語，竟會以《外雜篇》文獻的取材爲主，卻反而以《內篇》的資料爲輔呢？而吾人如果以《內篇》的文獻爲莊子思想的代表，其內、外、雜之區分，是後來魏晉時郭象所定的，因此如何可見《內篇》的資料，就一定比《外雜篇》可靠呢？此種現象，吾人可提出一解釋，亦即當時司馬遷所見到的《莊子》文字，可能是缺乏整理的，而他在評傳莊子時所作的閱讀，僅僅只是對《莊子》作一整體的概觀而已，欠缺整理過後再加以細膩理解的工夫。〔註9〕而郭象對《莊子》的解讀則不同，他是對書中文字作過一番整理，並就

〔註6〕持此論點的學者有焦竑、胡哲敷、鄭瑗、劉咸炘、吳世尚等學者，見陳品卿《莊學新探》（臺北：文史哲，1991年），頁25～28。

〔註7〕見瀧川龜太郎，《史記會注考證》（臺北：萬卷樓，1996年），頁855～856。

〔註8〕王叔岷，《莊學管闚》（臺北：藝文印書館，1978年）認爲史記所載述的莊子傳，包含了漁父、盜跖、胠篋、庚桑楚、秋水、列禦寇、大宗師、在宥、天運、刻意等十篇，頁88。從中所見，僅大宗師爲內篇，其餘皆取自外雜篇。

〔註9〕根據張成秋《莊子篇目考》（臺北：中華書局，1971年）所論，漢代的莊子注本雖有淮南王門下所傳的五十二篇（內七、外二十八、雜十四、解說三），但仍需要入祕書校讎，才成爲班固《漢書·藝文志》（臺北：鼎文書局，1978年，頁1730）所載的五十二篇，可知淮南王的莊子注本，並非是一定本，頁17；又《內篇》的篇數，不管是崔譔、司馬彪、孟氏、向秀或郭象的注本，都是以七篇爲定數，篇幅明顯少於

文字的脈絡加以尋繹，以釐清莊子的思路，〔註10〕故而有內、外、雜篇的劃分。如此一來，也就不難理解爲何司馬遷所評述的根據，會以《外雜篇》的文獻爲首出，又學者亦爲何會多以《內篇》爲莊子手筆，而視《外雜篇》是出於後學所述之論了。

此外，《內篇》與《外雜篇》的系統迥異，其實又可從其書中的篇目見到端倪。試看《莊子‧內篇》的篇目，主要是以全篇的篇旨爲主而命題，然《外雜篇》的篇目，卻是取名於開頭首句的關鍵字，或是融會首句的主要意義而得，〔註11〕據此可見，《內篇》與《外雜篇》在篇目的編排上，明顯有著視而可識的差異，而不相一致。

再進一步來看，王夫之嘗言：「外篇非莊子之書，蓋爲莊子之學者，欲引伸之，而見之勿逮，求肖而不能也。」所以「其可與內篇相發明者，十之二三，而淺薄虛囂之說雜出而厭觀；蓋非出一人之手，乃學莊者雜輯以成書。其間若駢拇、馬蹄、胠篋、天道、繕性、至樂諸篇，尤爲惜劣。」〔註12〕他甚至認爲外篇不出於莊子之手的原因有三，就篇章結構來說，內篇「意皆連屬」、「指歸則約」，展現出了自成系統且言簡意賅的風格，而外篇卻「踳駁不續」、「繁說不摰」，篇章結構鬆散無方，與內篇的風格極不相稱；再以內容要義而論，內篇「無所粘滯」、「不黨邪以醜正」，其論述的態度，是極爲中立而不偏不頗的自呈己見，而外篇則是「固執粗說」、「輕薄以快喙鳴」，其思想之拘泥固著，實與內篇精神相違；進而由內、外篇與老莊的關係來看，內篇雖近老子學說，但別闢蹊徑、自成一說，外篇卻僅淪爲替老子書作解釋，而不能深探玄理。〔註13〕對於雜篇的評論，他更說：「雜云者，博引而泛記之謂。故自庚桑楚、寓言、天下而外，每段自爲一義，而不相屬。非若內篇之首尾一致。外篇文義雖相屬，而多浮曼卑隘之說。雜篇言雖不純，而微至之語，較能發內篇未發之旨。」然而「讓王以下四篇，自蘇子瞻以來，人辨其爲贗作。觀其文詞，粗鄙狼戾，眞所謂「息以喉而出言若哇」者。〔註14〕王氏

其他各篇，故而容易受到輕忽。基於上述兩項理由，因此《內篇》被司馬遷所略視，著實不無可能，因此才有以《外雜篇》的內容涵蓋《內篇》之情形產生。

〔註10〕自漢到晉，《莊子》的篇數大抵皆爲五十二，到了向秀雖然刪修成二十六（或作二十七、二十八），然不免有矯枉過正，刪得過簡之失，直至郭象才又據向秀本刪修爲三十三，而刪修的幅度，則以《外雜篇》爲最大，而《內篇》似乎無所更動，足見《外雜篇》的資料是相當繁蕪的，甚而有魚目混珠、眩人視聽以代《內篇》之嫌，故而他才決定作一番的刪修，讓後人能夠藉由內、外、雜的區別，以詮解出更貼近莊子的闡釋。

〔註11〕關於融會其意而得的篇目，諸如〈讓王〉、〈盜跖〉、〈說劍〉、〈漁父〉等篇皆是。

〔註12〕見王夫之，《莊子解‧卷八》（臺北：里仁書局，1984 年），頁 76。

〔註13〕見鄭柏彰，《錢穆先生《莊子纂箋》及其莊子學研究》（嘉義：中正大學中文研究所碩士論文，2003 年），頁 45～46。

〔註14〕兩說見王夫之，《莊子解‧卷二十三》，頁 196。

認爲《外雜篇》係出於後學之作，甚爲合理，因爲當吾人細讀內七篇時，各篇的章法筆力，確能一氣貫通、前後呼應；其義理思想，實是傳遞了莊子不遣是非、得其環中的深意；然反觀《外雜篇》之文，極盡嘲諷謾罵、毀謗詆訕之能事，如此豈能達到「大道不稱，大辯不言」（〈齊物論〉）〔註 15〕之效，莊子嘗言：「既已爲一矣，且得有言乎？既已謂之一矣，且得無言乎？一與言爲二，二與一爲三。自此以往，巧曆不能得，而況其凡乎！故自無適有，以至於三，而況自有適有乎！無適焉，因是已。」（〈齊物論〉）故此，他既已能自覺名言之談辯，只會陷入無限是非的爭端，那麼他又如何會汲汲營營的去參與爭辯的行列，而自行墜落於機辟罔罟之中呢？故此，足見《外雜篇》非莊子筆甚明矣！

在論證了內七篇文獻堪爲莊子思想之代表後，吾人即可再探究莊子《內篇》所形構的孔子，究竟是抱著何種態度來讓其登場暢言？其實，就內篇來看，莊子談及孔子的地方，絕大部分都是爲自己來代言，〔註 16〕僅僅只有幾處略見微詞，筆者茲舉兩處說明於下，並試詮其微詞的深意，究竟是否眞爲貶意？先看書中的一段話，說：

> 孔子適楚，楚狂接輿遊其門曰：「鳳兮！鳳兮！何如德之衰也！來世不可待，往世不可追也。天下有道，聖人成焉；天下無道，聖人生焉。方今之時，僅免刑焉。福輕乎羽，莫之知載；禍重乎地，莫之知避。已乎已乎，臨人以德！殆乎殆乎，畫地而趨！迷陽迷陽，無傷吾行！吾行郤曲，無傷吾足！」（〈人間世〉）

上段文字，是在《內篇》裡給予最直接的嘲諷，然假使這段話不是後起資料摻入正文的話，那麼這段資料亦是最有力證明莊子受儒門影響的痕跡。因爲這段話也曾出現在《論語》裡，書載：

> 楚狂接輿歌而過孔子曰：「鳳兮！鳳兮！何德之衰？往者不可諫，來者猶可追。已而！已而！今之從政者殆而！」孔子下，欲與之言。趨而辟之，不得與之言。（〈微子〉）

據上可見，莊子很可能是就《論語》的文字來加以發揮，以闡述自己的論點。如此看來，假使說莊子未受儒門影響，而突發其想的創作出這段文字，那除非是巧合到

〔註 15〕本文所引莊子原文，皆見〔清〕郭慶藩《莊子集釋》（臺北：漢京文化，1983 年）。

〔註 16〕如在〈人間世〉裡勸諭顏回之衛，點出「德蕩乎名，知出乎爭」之旨，又爲顏回解說「心齋」工夫，接著以「知其不可奈何而安之若命」解答葉公子高「人道之患」與「陰陽之患」的憂慮；在〈德充符〉中以「遊心乎德之和」消弭了常季困於兀者王駘的學生與孔子的門徒不相上下的疑惑，然後回答魯哀公「才全德不形」之眞義；於〈大宗師〉內解顏回之惑，細說孟孫才的處喪之道；皆是將仲尼當作是自己的代言人。

匪夷所思，否則絕無可能會發生。再進一步作詮解，其實本段乍看之下似乎是對孔子的嘲諷，但文中開始就以鳳鳥來比喻孔子，可見其對孔子的基本理想還是抱持肯定的態度，而其所要申明的主旨，仍是透顯出在亂世之中，如果執意要以外在形式的德行，勉強要加諸於人，將是不可行的。所以接輿才發出了「吾行郤曲，無傷吾足」的感嘆，其意乃是暗示孔子要換採取另外一種處世的方法，而非要「臨人以德」、「畫地而趨」不可，這種淡淡的諷刺，與其說是對孔子的詆毀，毋寧說是對七國時假託孔子以餬口的儒者，作一本源上依據的否定，以廓清孔子必「臨人以德」不可的迷思。

　　另外，在〈德充符〉的一節文字，亦有對孔子略帶貶抑的意味，即魯國無趾踵見仲尼，孔子就以無趾當作活教材來諄諄教誨弟子，勉弟子要以道德善修其身，無趾離開後於是語老聃曰：「孔丘之於至人，其未邪？彼何賓賓以學子為？彼且蘄以諔詭幻怪之名聞，不知至人之以是為己桎梏邪？」老聃聽後立刻給孔子一個建議，說：「胡不直使彼以死生為一條，以可不可為一貫者，解其桎梏，其可乎？」無趾卻答：「天刑之，安可解？」在此，吾人雖可從負面的意義，將無趾認為孔子「以諔詭幻怪之名聞」是「桎梏」，是「天刑之」，看成是對孔子執著於世俗名聲，無可解於天之刑的嘲諷，然如此僅是就表層文字解讀，必囿於一察之見。當吾人再細繹兩人對話的言外之意，即可發現莊的目的仍是要歸因於破除時人受到禮法拘束的障礙，並非是全然對孔子的否定。為何如此說呢？其實，當老聃聽了無趾所言孔子未達至人境界時，馬上給孔子一個意見，讓他放下一切是非對待的同時，無趾卻急忙制止說『天刑之，安可解』，其中深意，不正意味著「天刑」是人存活在人間網絡中所必須要盡的責任嗎？此種責任，當然是責無旁貸而無可解免，故而豈可置身於事外呢？如此思索，莊子不等於是間接肯定了孔子汲汲於救世的情懷，雖受天刑，仍甘願受之嗎？〔註17〕

　　總歸〈內篇〉對孔子的批評，皆因出於莊子看待世俗禮法的最終意義，是要回歸到「天道」和「人性本質」，而當時「仁義禮樂」的過份被強調，只偏向於外在形式的虛文禮儀，實已違反了天道和人性的本質，如此反而妨害了人性，〔註18〕故此他對孔子的嘲諷，並非是採取一種惡意詆毀的方式，而是旁敲側擊地略發微詞，是

〔註17〕此論詳參鄭柏彰〈試詮《莊子·內篇》中的應世思想─從〈大宗師〉真人理型看莊子入世乎？出世乎？〉，收錄於《風華初現》（國立東華大學第1屆全國中文系研究生學術研討會論文集，2002年12月），頁27～28。

〔註18〕參見陳品川〈《莊子》中的孔子形象〉，收錄於《汕頭大學學報》（第10卷第3期，1994年3月），頁20。

以兩者的相異之處，實由於彼此所採取重構社會秩序的立場不同所致。然而，莊子
對孔子的社會關懷，則是給予間接肯定的回應。

〔二〕〈外、雜篇〉的批評與嘲諷

　　莊子一書的《外雜篇》，雖非能視爲莊子思想的主要文獻，是脫稿於莊子後學所
作，然其中亦不乏有接續莊子思想的痕跡。如篇中對孔子的形構，可以說是毀譽互見，
其對孔子的正面表述，亦曾在多處出現，其出現的方式，每多承內篇的展現手法，以
孔子爲莊子學說的代言人，[註19]來闡揚道家學說，這部分可說是順著莊子《內篇》
的思維模式展衍而出，尙能與莊子思想扣合。但是，當《外雜篇》在批評與嘲諷孔子
時，則僅僅就表面的文字理解，認爲莊子眞歸本於老子以「詆訿孔子之徒」，故而在
許多地方皆以幾近謾罵的方式批評或嘲諷孔子，今茲列表於下，以一觀其實：

篇　　名	批評或嘲諷者	批評的主要內容
天地（外篇）	漢陰丈人	批評孔子是「博學以擬聖，於于以蓋眾，獨弦哀歌以賣名聲於天下者。」
天道（外篇）	老聃	教訓孔子「放德而行，循道而趨，已至矣；又何偈偈乎揭仁義，若擊鼓而求亡子焉？意，夫子亂人之性也。」
天運（外篇）	師金	批評孔子推行三王五帝之禮義法度，是「取先王已陳芻狗……，是猶推舟於陸也，勞而無功，身必有殃。」
	老聃	教訓孔子「仁義，先王之蘧廬也，只可以一宿而不可以久處，覯而多責」；「夫仁義憯然乃憤吾心，亂莫大焉。」「夫六經，先王之陳迹也，豈其所以迹哉！」
山木（外篇）	大公任	批評孔子「飾知以驚愚，修身以名汙，昭昭乎若揭日月而行，故不免也。」
	子桑雽	告誡孔子「形莫若緣，情莫若率。緣則不離，率則不勞；不離不勞，則不求文以待形；不求文以待形，固不待物。」

〔註19〕如〈秋水〉篇孔子與子路論「命」與「時」，〈讓王〉篇中孔子與子路、子貢論「窮
　　　通」之道，頗有「安時而處順」（〈大宗師〉）的意味；〈達生〉篇仲尼見痀僂者承蜩，
　　　顧謂弟子曰：「用志不分，乃凝於神」，近於心志若一的「心齋」（〈人間世〉）；〈山木〉
　　　篇孔子對顏回說的「人與天一」，類似「其一也一，其不一也一，其一與天爲徒，其
　　　不一與人爲徒」的「眞人」境界；〈知北遊〉篇與冉求解說「無古無今，無始無終」、
　　　「物物者非物」之玄理，十足有〈齊物論〉的寓意；〈外物〉篇仲尼論「知有所困，
　　　神有所不及也」，寄託著「生也有涯，而知也無涯」的深意。以上所舉《外雜篇》的
　　　孔子形象，皆以莊子的代言人化身，其論點頗能與內篇相互發明。

外物（雜篇）	老萊子	教訓孔子曰「丘去汝躬矜，與汝容知，斯為君子矣。」
盜跖（雜篇）	盜跖	詆毀孔子為「魯國之巧偽人」。
盜跖（雜篇）	滿苟得	陳述「田成子常殺君竊國，而孔子受幣」、「孔子不見母…義之失也」之過，以指出儒者言行相違背之非。
漁父（雜篇）	漁父	嘲諷孔子「仁則仁矣，恐不免其身，苦心勞形，以危其真，嗚呼！遠哉其分於道也。」
列禦寇（雜篇）	顏闔	批評孔子「飾羽而畫，從事華辭，以支為旨，忍性以視民而不知不信，受乎心，宰乎神，夫何足以上民！……今使民離實學偽，非所以視民也，為後世慮，不若休之。」

〔註20〕

　　由上表可知，在《外雜篇》中對孔子的批評與諷刺，完全是赤裸裸的對孔子所提倡的「仁義禮樂」、「六經」、「汲汲於世的態度」，絲毫不加同情的予以詆毀謾罵，其中更以盜跖來痛罵孔子，說孔子之道「狂狂汲汲，詐巧虛偽事也，非可以全真也，奚足論哉！」（〈盜跖〉），讓孔子「再拜趨走，出門上車，執轡三失，目芒然無見，色若死灰，據軾低頭，不能出氣」。（〈盜跖〉）試想以一位強盜者去詆毀孔子，那是一件多麼異乎尋常之事，如果這種事不是出於莊子的後學故意去攻擊儒家，那麼天下豈不是成了「強陵弱、眾暴寡」的社會了嗎？如此學說，豈會讓後人鑽研不棄呢？崔大華有一段話正說明此種情形，茲摘錄於下：

　　　　《莊子》外、雜篇藉老聃等人物之口對孔子的激烈批評，當然也是一
　　　　種寓言性質的，但他反映了莊子道家學派已完全形成，和儒家處於更加明
　　　　顯的對立和爭鳴之中。一個學派的確立，需要有理論，也需要有領袖。莊
　　　　子還是坦承的，他論述了自己的「游乎塵垢之外」高超於儒家的「世俗之
　　　　禮」，但對孔子卻自認「不得及彼」；莊子後學則甚為放肆，無所顧忌，他
　　　　們拋棄莊子，擁戴老聃，杜撰許多他教訓，凌駕孔子的故事，確立了他作
　　　　為道家精神領袖的地位。莊子後學的此種做法，實際上也是借重孔子來表
　　　　明道家高出於儒家。〔註21〕

崔氏的一段話，吾人實可在《外雜篇》裡找到論證，書云：

　　　　（老聃曰）古之至人，假道於仁，託宿於義，以遊逍遙之虛，食於苟
　　　　簡之田，立於不貸之圃。逍遙，無為也；苟簡，易養也；不貸，無出也。

〔註20〕本表參考崔大華《莊學研究》（北京，人民出版社，1997年），頁352。
〔註21〕見崔大華《莊學研究》，頁352～353。

> 古者謂是采真之遊。以富爲是者，不能讓祿；以顯爲是者，不能讓名；親
> 權者，不能與人柄。操之則慄，舍之則悲，而一無所鑒，以闚其所不休者，
> 是天之戮民也。怨恩取與諫教生殺，八者，正之器也，唯循大變無所湮者
> 爲能用之。故曰：正者，正也。其心以爲不然者，天門弗開矣。(〈天運〉)

文中之意，主要是老子曉諭孔子「至人」的處世之方，言下之旨，即要孔子遊心於
無爲，才能體現仁、義的眞精神。此種論調，實與《內篇》所記「天之戮民」(〈大
宗師〉)無異，但兩者的歧出點，是《內篇》出於孔子之口，而此處則是藉老聃之口
予以指責，亦即內篇所形構的孔子，是以一種自覺地體現人間秩序無所遁逃的態度，
甘願入於環中，以應無窮，如此正與莊子所倡的義命不可解於心若合符節，如此雖
語見微詞，但仍有「以刑爲體，以禮爲翼，以知爲時，以德爲循」(〈大宗師〉)的委
順意味存在；反觀此處的「天之戮民」，純粹只是以一種指摘貶抑的口吻展現，完全
沒有任何語帶同情的意涵，如此豈是莊子本意？

　　另外，內、外雜的不同，又可在〈山木〉篇所載的「孔子圍於陳蔡之間，七日
不火食」一段看出，文中內容敘述孔子聽了大公任的批評，竟然「辭其交遊，去其
弟子，逃於大澤；衣裘褐，食杼栗；入獸不亂群，入鳥不亂行。鳥獸不惡，而況人
乎」，這樣的避世思維，在《內篇》中的孔子形象裡，是全然無由得見的。故此，說
《外雜篇》所形構對孔子批評與嘲諷的最終目的，是「借重孔子來表明道家高出於
儒家」之說法，大抵是可以成立的。

　　統觀來看，莊子於《內篇》所形構的孔子，主要是將時人從束縛的思想中解脫
出來，用一種超越「仁義禮樂」的規範來重構社會秩序，並不是要將社會秩序完全
打破，任人生活在原始的「渾沌社會」當中，而莊子之所以要擺落「仁義禮樂」的
繫縛，因爲「仁義禮樂」常被統治者所濫用，而喪失其內在本質，如此反而對人民
造成一種「桎梏」、一種「倒懸」，就這個層次而論，莊子是徹底的反對「仁義禮樂」。
所以徐復觀先生說：

> 他(莊子)所欲構建的，和儒家是一樣的「萬物並育而不相害，道並
> 行而不悖」(中庸)的自由平等的世界。只有在達到此一目的的途徹上，
> 他與儒家才有其不同。他掊擊仁義，是掊擊一切可以爲統治者壓迫人民所
> 藉口的東西。而世儒之過于依賴現實，其容易爲統治者所藉口，乃至甘心
> 供統治者的利用，以加強統治者的殘酷之毒，眞是值得莊子加以棒喝滌盪
> 的。他在掊擊仁義之上，實顯現其仁心於另一形態之中，以與孔孟的眞精
> 神相接，這才使其有「充實而不可以已」(天下篇)的感覺。這是我們古

代以仁心爲基底的偉大自由主義者的另一思想形態。〔註22〕

由此可見,《內篇》中所要批評與嘲諷的,並非是孔子本人,而是綑綁壓抑人民的教條式規範,在莊子的觀念裡,只要是有所造作、有所矯飾,都有其流弊的產生,所以他說:「其分也,成也,其成也,毀也,凡物無成與毀,復通爲一。」(〈齊物論〉)因此,「仁義禮樂」也是一種制度的造作,也是一種人爲的矯飾,所以必定也有其缺點的存在。然而,到了《外雜篇》的部分文章裡,孔子的形構卻發生了質變,他儼然變爲莊子的頭號論敵,不僅毫無蘊藉的加以攻訐,甚而更如悍婆潑婦當街叫罵一般,完全予以惡意的詆毀,如此不僅無法收到《內篇》裡掃落「仁義禮樂」的虛文之效,更扭曲了莊子的原意,如此難怪司馬遷有「詆毀孔子之徒,以明老子之述」、「剽剝儒墨」的評價了。

三、莊、孔對人間網絡的交織共感

由前論可見,《內篇》所形構的孔子,雖有微詞,然亦不損及孔子自身,甚而多以孔子之口爲代言。在此,吾人不妨思索一個問題,即莊子爲何要藉孔子來宣揚自己的思想呢?當然吾人可作此思考:或許孔子在當時具有一定的權威地位,故而莊子要藉著「重言十七」,來強化自己學說的可信度。然而,在當時的社會上,「儒、墨」兩家並稱顯學,〔註23〕假使莊子眞的要藉「重言」來加強自己學說的立據的話,爲何墨子卻被摒除於莊書之外,而不見其蹤跡呢?甚至被直接批評「其生也勤,其死也薄,其道大觳,使人憂,使人悲。其形難爲也,恐其不可以爲聖人之道,反天下之心,天下不堪。墨子雖獨能任,奈天下何!離於天下,其去王也遠矣!」(〈天下〉)可見墨子和莊子兩人的學說實是天差地別、格格不入的,是以雖然墨子在當時雖也佔有其一定的地位,而莊子卻不會以一個完全和自己出發點不同的「重人」來爲本身學說作論據。故此,可知莊子藉孔子來爲自己學說作宣傳,不僅是因爲孔子是當時的「重人」,更是因爲莊子與孔子在思想上,是有某些地方彼此交織共感之處的。

而莊、孔兩人的交織共感之處,吾人則可再進一步從仲尼回答葉公子高一段看出。其云:

> 仲尼曰:「天下有大戒二:其一命也,其一義也。子之愛親,命也,
> 不可解於心,臣之事君,義也,無適而非君也;無所逃於天地之間,是之
> 謂大戒。是以夫事其親者,不擇地而安之,孝之至也!夫事其君者,不擇

〔註22〕見徐復觀,《中國人性論史‧先秦篇》,頁412。

〔註23〕見陳奇猷《韓非子集釋‧顯學》(高雄,復文圖書,1991年)。

> 事而安之，忠之盛也！自事其心者，哀樂不易施乎前，知其不可奈何而安
> 之若命，德之至也！爲人臣子者，固有所不得已，行事之情，而忘其身，
> 何暇至於悅生而惡死？夫子其行可矣！（〈人間世〉）

此段藉孔子的口吻，明確指出親子之「孝」與君臣之「忠」，落實於人事，是絕對無
可漠視不理的。文中言論雖是託孔子的名義說出，但尋繹其義，實是莊子在面對人
間世時所遇到的一個重大的問題。因爲，莊子雖然是不拘於現實禮法的限制，但現
實中著實存在著一縷君臣親子的牽繫之情，而這種的束縛，莊子是否也要一併拋棄
呢？在本段的文義裡，很明顯地就是針對這個問題所作的答覆，即莊子認爲「孝」、
「忠」這種世情的牽累，是無可逃於天地之間，是人人所必須面對，而無可置身事
外的，可知莊、孔兩人對現實網絡的無可逃避這一層面來看，其態度是一致的。

　　然而，莊子更將層次超拔，從宇宙界來觀人生界，故而吾人雖處身於人間世，
卻能不受人間世所限，試看《內篇》的一段話，即傳遞了此種訊息，書載：

> 　　子桑戶、孟子反、子琴張三人相與語曰：「孰能相與於無相與，相爲
> 於無相爲？孰能登天遊霧，撓挑無極；相忘以生，無所終窮？」三人相視
> 而笑，莫逆於心，遂相與爲友。莫然有閒而子桑戶死，未葬。孔子聞之，
> 使子貢往侍事焉。或編曲，或鼓琴，相和而歌曰：「嗟來桑戶乎！嗟來桑
> 戶乎！而已反其眞，而我猶爲人猗！」子貢趨而進曰：「敢問臨尸而歌，
> 禮乎？」二人相視而笑曰：「是惡知禮意！」子貢反，以告孔子，曰：「彼
> 何人者邪？修行無有，而外其形骸，臨尸而歌，顏色不變，無以命之。彼
> 何人者邪？」孔子曰：「彼，遊方之外者也；而丘，遊方之內者也。外內
> 不相及，而丘使女往弔之，丘則陋矣。彼方且與造物者爲人，而遊乎天地
> 之一氣。彼以生爲附贅縣疣，以死爲決　潰癰，夫若然者，又惡知死生先
> 後之所在！假於異物，託於同體；忘其肝膽，遺其耳目；反覆終始，不知
> 端倪；芒然彷徨乎塵垢之外，逍遙乎無爲之業。彼又惡能憒憒然爲世俗之
> 禮，以觀眾人之耳目哉！」（〈大宗師〉）

錢穆先生認爲孔子到莊周，主要是由人生界出發，再進而推及宇宙界，〔註24〕可見
孔、莊兩人的出發點是相同的，故而莊子才以孔子作爲代言的對象。如果要進一步
解釋何謂由「人生界」出發，進而過渡到「宇宙界」，吾人可從「方內之倫理」到「方
外之倫理」來看。〔註25〕所謂「方內之倫理」，即是以「人道」來觀「人理」，亦即
人存在人間世裡，必然有其無可逃避之責任，此亦爲何莊子要在〈大宗師〉裡藉孔

〔註24〕見錢穆，《莊老通辨》（臺北：東大圖書，1991 年），頁 146。
〔註25〕此說參考陳品卿，《莊學新探》，〈莊學之思想體系・倫理觀〉一節，頁 129～133。

子之口說其「遊方之外」的原因。其實，就是因為「天下有大戒二：其一，命也；其一，義也。子之愛親，命也，不可解於心；臣之事君，義也，無適而非君也，無所逃於天地之間。是之謂大戒。」（〈人間世〉）而處身於現實中的個人，務必盡其責任，所以「事其親者，不擇地而安之，孝之至也；夫事其君者，不擇事而安之，忠之盛也；自事其心者，哀樂不易施乎前，知其不可奈何而安之若命，德之至也。」（〈人間世〉）然而，莊子雖從人生界出發，但他並不以人生界為侷限，更從「天地與我並生，而萬物與我為一。」（〈齊物論〉）的角度出發，以「無涯」、「知天之所為」的宇宙視角著眼，將天地視為一指，把萬物看成一馬，如此世俗之禮當然就無法成為莊子的桎梏，是以子桑戶死，孟子反、子琴張才會臨尸而歌，曰：「而已反其真，而我猶為人猗！」（〈大宗師〉）可見，莊子已超脫死生的牢籠，達到了一種「以無為首，以生為脊，以死為尻，孰知死生存亡之一體」（〈大宗師〉）的境界。這樣一來，難免莊子要假孔子之口說：「德蕩乎名，知出乎爭」（〈人間世〉），甚而借顏淵之「坐忘」，來達到破除「仁義」、「禮樂」之偏執形式而捐棄本質的迷思。此種視「方內」、「方外」為不即不離、非一非異的應世思想，即是莊子為何認為「真人」必須要「其一也一，其不一也一。其一與天為徒，其不一與人為徒。天與人不相勝」（〈大宗師〉）的原因了。

　　由上論可知，莊子筆下之所以選擇孔子使其躍然紙上，足見他心中絕非是純粹要藉「重言」來闡發其論而已，尤有甚之，莊子心目中對孔子的評價，已有一取決的標準，即莊子對孔子的現實關懷是默許的。然而，只要形諸於經緯的線條，勢必墜於「道隱於小成，言隱於榮華」（〈齊物論〉）的危機當中，因此在《內篇》中，莊子雖以孔子來代言，但也不乏對其略見微詞，以避免落入儒、墨的是非殼中，而淪為「一與言為二，二與一為三。自此以往，巧曆不能得」（〈齊物論〉）之無窮紛爭。

　　此種的思維模式，可與莊子對事物價值觀念著眼於「逆向思考」的切入點有關，亦即他常不以世俗所慣見的「用」為「有用」，而從世俗以為事物「無用」的一面以見其用，所以他才說：「人皆知有用之用，而莫知無用之用也。」（〈人間世〉）認為「山木自寇也，膏火自煎也。桂可食，故伐之；漆可用，故割之。」（〈人間世〉）故此，吾人可知，莊子的邏輯思維，是側重於從負面的表述，以肯定其正面之價值。由此種模式來解讀莊子筆尖的孔子，則可推演而出，莊子在〈內篇〉之所以語帶些微的諷刺之意，主要是從負面「破」的視角切入，藉此以掃除言語所附加的沾滯之跡，進而肯定其負面表述意義的正面價值。是以從另一方面來看，莊子以孔子為代言，其間雖有「重言」的效果，即欲藉知名人士以為己立說的成分在，但亦不乏對孔子存有「寓褒於貶」之意，否則當初儒、墨並稱顯學，豈有不見墨子出現的道理？

最主要的原因，恐怕還是因爲對墨子有「雖獨能任，奈天下何！離於天下，其去王也遠矣」（〈天下〉）的印象吧！然莊子雖有認同孔子之意，但亦不直言加以稱許，只是從旁以孔子爲代言而已，此種方式，不正是以「寄言出意」的手法，暗暗的提點，以防吾人陷入「有用」的形式泥沼當中，而喪失了其「有用」的本質內涵嗎？

四、結　論

　　《莊子》對孔子的批判與嘲諷，是所在多有的，因此從表面來論斷，認爲莊子是詆毀孔子，是否定孔子，也可以說的通，但莊子往往是以「謬悠之說，荒唐之言，無端崖之辭，時恣縱而不儻，不以觭見之也」（〈天下〉），故就單方面來論斷莊子對孔子的定位而不細繹其旨，實不符合莊子之意。透過以上的論證，可知儒、道的歧異，實是因「儒家以道德改造、提高人的自然本性和莊子在人的自然本性中尋找、確定道德終極，是兩種基本的價值取向和理論走向，他們的對立和反覆更迭出現，反映了社會生活的發展，帶來了道德內容的增新」。〔註26〕因此，兩者用以拯救「周文疲弊」的方法雖有不同，〔註27〕而就他們的目標以及對現實社會的關注，則是有所聚焦的，並非背道而馳。以目標來說，他們都欲建構「『萬物並育而不相害，道並行而不悖』（中庸）的自由平等的世界」；〔註28〕以現實社會而言，他們都是注意到人間「忠」、「孝」的情懷，莊子並不是如出世的隱者一樣，只求自適，不顧其他，如果莊子只是如同出世的隱者一樣，那就誠如郭象所說：「若謂拱默乎山林之中而後得稱無爲者，此莊老之談所以見棄于當塗。」。〔註29〕所以，莊子所形構孔子的深層蘊義，吾人如深掘之，即發現莊、孔兩人的學說並非風馬牛不相及，相反地，莊子對孔子是抱著一種尊敬與同情的態度，一方面是尊敬孔子的治世情懷與甘受天刑，另一方面也同情孔子以「仁義禮樂」約束世人的無奈，是以莊子要重新塑造孔子的形象，將孔子以道家化的色彩呈現於讀者面前，一來可以讓孔子能解脫「桎梏」、「天刑」，一來也讓自己的學說能夠透過「重言」來加以闡發，以達「樞始得其環中，以應無窮」（〈齊物論〉）的目的。

〔註26〕見崔大華，《莊學研究》，頁 357。
〔註27〕牟宗三，《中國哲學十九講》（臺北：學生書局，1999 年）認爲周文在周朝時是粲然完備的，但經過了春秋時代，這套禮樂制度漸漸的出了問題，因此儒、墨、道、法四家之所以興起，是因爲「周文疲弊」之故，頁 60。
〔註28〕見徐復觀，《中國人性論史‧先秦篇》，頁 412。
〔註29〕見郭象，《莊子注‧逍遙遊》（臺北：藝文印書館，1983 年）「堯讓天下於許由」一段下注解，頁 20。

參考書目

（依出版年代由先而後排序）

一、經　部

1. 〔清〕阮元校勘，《十三經注疏》（臺北：藝文印書館，1989 年 1 月，11 版）。

二、史　部

1. 顧頡剛，《當代中國史學》（香港：龍門書店，出版年月不詳，據 1947 年 1 月南京勝利出版社重版發行）。
2. 司馬遷，《史記》（臺北：商務印書館，1981 年 1 月，台五版）。
3. 顧頡剛主編，《古史辨》（全七冊）（臺北：藍燈文化，1993 年 8 月，2 版）。

三、子　部

1. 嚴靈峰，《老莊研究》（香港：亞洲出版社，1959 年 12 月）。
2. 〔明〕鄭瑗，《井觀瑣言》（臺北：藝文印書館，收入《百部叢刊集成》，1965 年）。
3. 〔清〕嚴復，《侯官嚴氏評點莊子》（一～四冊），板橋，藝文發行，1970 年 6 月）。
4. 〔清〕王先謙，《莊子集解》（臺北：蘭臺書局，1971 年 7 月）。
5. 張成秋，《莊子篇目考》（臺北：中華書局，1971 年 7 月）。
6. 〔宋〕林希逸，《南華真經口義》（臺北：藝文印書館，收入《無求備齋莊子集成 7～8》，1972 年）。
7. 〔清〕林雲銘，《莊子因》（臺北：藝文印書館，收入《無求備齋莊子集成 18》，1972 年）。
8. 〔明〕釋德清，《莊子內篇注》（臺北：廣文書局，1973 年 6 月）。

9. 河洛圖書出版社編輯部,《帛書老子》(臺北:河洛圖書出版社,1975 年 12 月)。

10. 〔清〕馬其昶,《莊子故》(臺北:成文出版社,收入《無求備齋老列莊三子集成補編・35》,1976 年)。

11. 馬敘倫,《莊子義證》(臺北:成文出版社,收入《無求備齋老列莊三子集成補編・37〜38》,1976 年)。

12. 〔清〕宣穎著、王輝吉校,《莊子南華經解》(臺北:宏業書局,1977 年 6 月,再版)。

13. 〔明〕焦竑,《老子翼》(臺北:廣文書局,1977 年 7 月,再版)。

14. 錢穆,《兩漢經學今古文平議》(臺北:東大圖書,1978 年 7 月,台再版)。

15. 〔清〕魏源,《老子本義》(臺北:商務印書館,1980 年 9 月,台四版)。

16. 胡遠濬,《莊子詮詁》(臺北:商務印書館,1980 年 12 月,台二版)。

17. 劉文典,《莊子補正》(雲南:人民出版社,1980 年 12 月)。

18. 〔晉〕王弼注,《老子道德經》(臺北:中華書局,收入《四部備要》,1981 年 6 月)。

19. 〔周〕韓非,《韓非子》(臺北:中華書局,收入《四部備要》,1981 年 6 月)。

20. 〔漢〕劉安撰、高誘注,《淮南子》(臺北:中華書局,收入《四部備要》,1981 年 6 月)。

21. 〔清〕章太炎,《章氏叢書》(上下冊)(臺北:世界書局,1982 年 4 月再版)。

22. 葉國慶,《莊子研究論集》(臺北:木鐸出版社,1982 年 9 月)。

23. 錢穆,《八十憶雙親・師友雜憶合刊》(臺北:東大圖書,1983 年 1 月)。

24. 〔晉〕郭象注,《莊子》(臺北:藝文印書館,1983 年 6 月,4 版)。

25. 北大哲學系,《荀子新注》(臺北:里仁書局,1983 年 11 月)。

26. 黃錦鋐,《莊子及其文學》(臺北:東大圖書,1984 年 9 月,再版)。

27. 〔清〕王夫之,《莊子通・莊子解》(臺北:里仁書局,1984 年,9 月)。

28. 〔宋〕董思靖,《太上老子道德經集解》(北京:中華書局,1985 年,北京新一版)。

29. 〔明〕薛蕙,《老子集解》(北京:中華書局,1985 年,北京新一版)。

30. 錢穆,《先秦諸子繫年》(臺北:東大圖書,1986 年 2 月)。

31. 〔宋〕朱熹,《楚辭集注》(臺北:文津出版社,1987 年 10 月)。

32. 胡哲敷,《老莊哲學》(臺北:中華書局,1987 年 12 月,9 版)。

33. 王叔岷,《莊子校詮》(臺北:中研院歷史語言所,1988 年 3 月)。

34. 汪學群,《錢穆學術思想評傳》(北京市:北京圖書館出版社,1998 年 8 月,第一版)。

35. 錢穆,《中國思想史》(臺北:學生書局,1988 年 10 月,第 6 次印刷)。

36. 〔宋〕褚伯秀，《南華真經義海纂微》（上海：古籍出版社，收入《道藏要籍選刊》，1989 年 6 月）。

37. 錢穆，《中國史學發微》（臺北：東大圖書，1989 年 3 月）。

38. 〔晉〕王弼注、〔清〕紀昀校定，《老子道德經》（臺北：文史哲出版社，1990 年 7 月，再版）。

39. 彭明輝，《疑古思想與現代中國史學的發展》（臺北：商務印書館，1991 年 9 月）。

40. 余英時，《猶記風吹水上鱗──錢穆與現代中國學術》（臺北：三民書局，1991 年 10 月）。

41. 錢穆，《莊老通辨》（臺北：東大圖書，1991 年 12 月）。

42. 高齡芬，《王弼老學之研究》（臺北：文津出版社，1992 年 1 月）。

43. 嚴耕望，《錢穆賓四先生與我》（臺北：商務印書館，1992 年 3 月）。

44. 劉文典，《淮南鴻烈集解》（臺北：文史哲出版社，1992 年 10 月，再版）。

45. 錢穆，《莊子纂箋》（臺北：東大圖書，1993 年 1 月，重印 4 版）。

46. 錢穆，《中國學術通義》（臺北：學生書局，1993 年 2 月，增訂 3 版 4 刷）。

47. 馮友蘭，《中國哲學史》（臺北：商務書局，1993 年，增訂台灣一版）。

48. 郭齊勇、汪學群，《錢穆評傳》（江西：百花洲文藝出版社，1995 年 1 月）。

49. 李木妙，《國史大師錢穆教授傳略》（臺北：揚智，1995 年 6 月）。

50. 牟宗三，《圓善論》（臺北：學生書局，1996 年 4 月 2 刷）。

51. 魏元珪，《老子思想體系探索》（臺北：新文豐出版，1997 年 8 月）。

52. 牟宗三，《才性與玄理》（臺北：學生書局，1997 年 8 月修訂 8 版）。

53. 陳品卿，《莊學新探》（臺北：文史哲出版社，1997 年 8 月增訂再版三刷）。

54. 帕瑪著、嚴平譯，《詮釋學》（臺北：桂冠圖書股份有限公司，1997 年 9 月，初版三刷）。

55. 錢穆著、錢賓四先生全集編委會主編，《錢賓四先生全集》（臺北：聯經出版事業公司，1998 年 5 月）。

56. 錢穆，《墨子》，收入《錢賓四先生全集》第 6 冊（臺北：聯經出版事業公司，1998 年 5 月）。

57. 錢穆，《宋明理學概述》，收入《錢賓四先生全集》第 9 冊（臺北：聯經出版事業公司，1998 年 5 月）。

58. 錢穆，《朱子新學案（一）》，收入《錢賓四先生全集》第 11 冊（臺北：聯經出版事業公司，1998 年 5 月）。

59. 錢穆，《國史大綱》，收入《錢賓四先生全集》第 27 冊（臺北：聯經出版事業公司，1998 年 5 月）。

60. 錢穆，《中國文化史導論》，收入《錢賓四先生全集》第 29 冊（臺北：聯經出版事業公司，1998 年 5 月）。

61. 錢穆,《中國歷史精神》,收入《錢賓四先生全集》第 29 冊（臺北：聯經出版事業公司,1998 年 5 月）。

62. 錢穆,《中國史學名著》,收入《錢賓四先生全集》第 33 冊（臺北：聯經出版事業公司,1998 年 5 月）。

63. 錢穆,《世界局勢與中國文化》,收入《錢賓四先生全集》第 43 冊（臺北：聯經出版事業公司,1998 年 5 月）。

64. 錢穆,《國學概論》（臺北：商務印書館,1998 年 5 月,台 2 版 2 刷）。

65. 陳鼓應,《老子今註今譯及評介》（臺北：商務印書館,1997 年 1 月,二次修訂版）。

66. 丁原植,《郭店竹簡老子釋析與研究》（臺北：萬卷樓圖書有限公司,1998 年 9 月）。

67. 〔宋〕蘇軾撰、茅維編、孔凡禮點校,《蘇軾文集》（北京：中華書局,1999 年重印。

68. 牟宗三,《中國哲學十九講》（臺北：學生書局,1999 年 9 月 8 刷）。

69. 楊承彬、鄭大華、戴景賢合著,《中國歷代思想家》（臺北：商務印書館,1999 年 10 月更新版）。

70. 林啓彥,《中國學術思想史》（臺北：書林出版社,2002 年 4 月 7 刷）。

71. 徐國利,《錢穆史學思想研究》（臺北：商務印書館,2004 年 2 月）。

四、論　文

（一）博碩士論文

1. 崔慶泳,《錢穆史學思想初探》（國立台灣師範大學歷史研究所碩士論文,1986 年 4 月）。

2. 陳麗惠,《反傳統思潮的批判與超越──錢穆史學思想的形成（1930～1940）》（私立東海大學歷史研究所碩士論文,1997 年 7 月）。

3. 楊翠玲,《錢穆老子學研究》（私立東吳大學中國文學研究所碩士論文,2001 年 5 月）。

（二）期刊論文

1. 陳重文,〈莊子之學和錢穆的莊子纂箋〉（《出版月刊》第 7 期,1965 年 12 月）,頁 33～35。

2. 黃錦鋐,〈近三十年來之莊子學（專著部分）〉,第 1 卷第 1 期（1982 年 1 月）,頁 3～5。

3. 黃錦鋐,〈近三十年來之莊子學（論文部分）〉《漢學研究通訊》第 1 卷第 4 期,1982 年 10 月）,頁 147～149。

4. 黃克武,〈錢穆的學術思想與政治見解〉《國立臺灣師範大學歷史學報》第十五期,1987 年 6 月）,頁 393～412。

5. 戴景賢，〈錢穆先生事略〉（《國史館館刊》復刊第九期，1990 年 12 月），頁 245 ～247。

6. 杜正勝，〈錢賓四與二十世紀中國古代史學〉（《當代雜誌》第 111 期，1995 年 7 月），頁 70～81。

7. 吳展良，〈從整體性與個體性的融合論中國文化的現代化〉（《錢穆先生紀念館館刊》第 3 期，1995 年 8 月），頁 69～85。

8. 陳啟雲，〈錢穆師與「思想文化史學」（上）〉（《錢穆先生紀念館館刊》第 3 期，1995 年 8 月），頁 116～125。

9. 錢胡美琦，〈錢賓四先生年譜・上篇〉（未定稿）（《錢穆先生紀念館館刊》第 3 期，1995 年 8 月），頁 141～162。

10. 陳啟雲，〈錢穆師與「思想文化史學」（下）〉（《錢穆先生紀念館館刊》第 4 期，1996 年 9 月），頁 66～87。

11. 陳勇，〈錢穆、顧頡剛古史理論異同論〉（《錢穆先生紀念館館刊》第 4 期，1996 年 9 月），頁 105～113。

12. 錢胡美琦，〈錢賓四先生年譜（二）〉（未定稿）（《錢穆先生紀念館館刊》第 4 期，1996 年 9 月），頁 114～128。

13. 廖伯源，〈談《劉向歆父子年譜》〉（《錢穆先生紀念館館刊》第 5 期，1997 年 12 月），頁 96～103。

14. 區志監，〈近人對錢穆學術思想研究概述——以一九四九年後中國大陸之研究為中心〉（《錢穆先生紀念館館刊》第 6 期，1998 年 12 月），頁 132～148。

15. 劉湘王，〈論錢穆〉（《孔孟月刊》第 38 卷第 1 期，1999 年 9 月），頁 18～21。

16. 李杜，〈略說錢穆先生的學術與事業〉（《錢穆先生紀念館館刊》第 8 期，2000 年 12 月），頁 75～95。

17. 閻鴻中，〈錢賓四先生對中國傳統史學的詮釋〉，（《錢穆先生紀念館館刊》第 8 期，2000 年 12 月），頁 148～167。

18. 陸建華，〈莊、孔關係略論〉（《鵝湖月刊》第 27 卷第 2 期，2001 年 8 月）。

五、報　紙

1. 錢胡美琦，〈遷出素書樓的始末〉，（《聯合報》聯合副刊，1991 年 4 月 13 日）。